공병호의

인생사전

삶의 갈림길에서 꼭 한번 물어야 할 74가지

공병호의

인생사전

해냄

어떻게 사는 것이 잘 사는 길인가?

"자리를 옮겨서 일해 볼 의향이 없습니까?"

몇 달 전 한 통의 전화를 받았습니다.

옛날 같았으면 마음이 흔들렸을 법도 한데, 잠시 뜸을 들인 후 "제가 있어야 할 자리가 아닌 것 같습니다"라고 답했습니다. 긴박한 요청이었지만, 나답게 어떻게 살아야 할지에 대한 제 생각은 깔끔하게 정리되어 있었습니다. 정중하게 거절하는 제 자신을 보고 예전 생각이 났습니다.

40대를 전후해서 과감하게 전직을 하고 큰 홍역을 치렀던 저는 그 경험을 통해서 얻은 귀한 자산이 있습니다. 그때는 욕망과 성급함이 앞선 채 허겁지겁 사느라 답을 정리하지 않았고, 결국 큰 비용을 치렀습니다.

그후 '어떻게 사는 것이 잘 사는 길인가?'라는 질문에 나름의 답을 정리하면서 사는 일이 매우 중요하다는 사실을 깊이 깨달았습니다.

21세기를 살아가는 우리의 삶은 무척 바쁩니다. 해야 할 일도 많고, 신경 써야 할 일도 많고, 만나야 할 사람도 많습니다. TV에서 스마트폰까지, 외부로부터 온갖 자극이 끊임없이 들어옵니다. 게다가 매순간 선택하고 결정해야 할 일이 한두 가지가 아니죠.

정신없이 하루하루 지내다 보면 어느새 한 달이 가고 1년이 갑니다. 그러다 보면 어느 순간 '내가 무엇을 위해 살아가고 있는 걸까?' '잘 살아가고 있는 걸까?' '이대로 계속 살아도 되는 걸까?' 하는 회의가 밀려옵니다.

요즘 같은 시대일수록 자신이 제대로 살아가고 있는지, 앞으로 어떻게 살아야 할 것인지를 수시로 자문해야 합니다. 삶의 자세를 점검하고, 흐트러졌다면 중심을 바로 세워야 합니다.

열심히 사는 일이 중요하지만, 그것이 반드시 잘 사는 것을 뜻하지는 않습니다. 누구나 '더 빨리, 더 높이, 더 많이'를 추구하는 시절이 있습니다. 그 시절에도 '어떻게 사는 것이 잘 사는 길인가?'라는 질문에 대한 답을 차곡차곡 정리해 두는 일은 꼭 필요합니다. 실족과 방황을 줄일 수 있기 때문입니다. 그만큼 소중한 인생을 더 이상 낭비하지 않을 수 있기 때문입니다.

평소 후회 없이 살아왔다고 자부하는 저 역시 지금까지 시행착오를 겪었습니다. 선택의 갈림길에서 마음을 잡지 못하거나 잘못된 방향으로 나아가다가 녹록지 않은 시간을 보내기도 했습니다. 특히 앞으로

만 질주하던 젊은 시절엔 다혈질의 성질과 초조한 욕망이 저를 몰아붙인 적도 많았습니다.

인생의 모든 순간은 저마다 의미가 있습니다. 혹독한 실패일지라도요. 하지만 좀더 현명하게 대처할 수 있었다면, 좀더 용감하게 도전할 수 있었다면 하는 아쉬움이 늘 따르게 마련입니다.

그런 아쉬움과 후회를 최대한 줄여가며 진정 나답게 살아가기 위한 지름길이 삶에 대한 근본적인 질문을 가슴에 품고, 자기만의 답을 새롭게 하나씩 만들어가는 일입니다.

누구나 살아가다 보면 변화의 순간과 선택의 기로에 서게 됩니다. 어떻게 살아야 올바르고 훌륭한가 하는 질문에 대해 모두에게 적용될 수 있는 답은 없습니다. 한 가지 분명한 점은 진정 중요한 것과 그렇지 않은 것을 구분하며 살아야 한다는 사실입니다.

당장에 즐거움을 주지만 덧없거나 본질과 거리가 먼 것이 아니라, 가치 있는 것, 진실한 것, 본질과 가까운 것에 주목해야 합니다. 남들이 가는 길이라고 따라갈 필요도 없고 남들이 좋아하는 것이라고 해서 무조건 좋아할 필요도 없습니다. 깨어 있으면서 스스로 판단해야 합니다.

인생에는 정답이 없습니다. 각자 나름의 답이 있을 뿐이지요.『공병호의 인생사전』은 잘 사는 길에 대해 제 나름의 생각과 입장을 정리한 책입니다. 살면서 누구나 만날 수 있는 문제들을 표제어로 나름의 정의와 답을 정리했기에 '사전'이란 표현을 사용했습니다. 문득 사전을 펼쳐보고 싶을 때처럼, 삶의 갈림길에서 무언가 답답하거나 궁금

할 때 한 번쯤 펼쳐보아도 좋겠지요.

'이렇게도 생각해 볼 수 있구나' 혹은 '이건 내 고민하고 똑같은데……'라는 공감을 이 책에서 얻기를 기대합니다. 지금 현업에서 열심히 뛰고 있는 분도, 혹은 내일을 기약하며 고군분투하는 분도, 잠시 길을 잃고 슬럼프에 빠진 분들 모두에게 인생의 순간에서 한 걸음 앞으로 나아가는 데 이 책이 작게나마 도움이 되기를 소망합니다.

무엇보다 이 책을 계기로, 지금까지의 여러분만의 경험과 내일에 대한 다짐을 바탕으로 소중한 인생사전 한 권씩을 스스로 만들어 보시기 바랍니다. 어떻게 살아가야 하나에 대한 나만의 정의와 해법이 흔들리는 순간에도 다시 한 번 우리를 바로 서게 해주리라 믿습니다.

2013년 11월

공병호

차례

프롤로그 어떻게 사는 것이 잘 사는 길인가? _ 4

1장
자아 사전
제대로 마주하라

01 누구보다 소중한 나 _ **15**
02 분노 다스리기 _ **18**
03 나의 정체성 _ **22**
04 불안 마주하기 _ **25**
05 자제력 키우기 _ **28**
06 '나'란 사람의 그릇 _ **31**
07 역경에 대하여 _ **35**
08 자기 연민의 함정 _ **39**
09 나이에 대한 두려움 _ **42**
10 외로움과의 동행 _ **45**

2장
생활력 사전
누구에게도
기대지 말고 야무지게

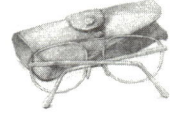

11 전직의 지혜 _ 51
12 다리 여섯 달린 돈 _ 57
13 경제적 자립 _ 60
14 현명한 소비 _ 64
15 빚의 두 얼굴 _ 67
16 사업가의 자격 _ 71
17 직업인으로서의 경쟁력 _ 76
18 친구 간의 돈 거래 _ 81
19 내 집 마련 _ 85
20 공짜에 대한 불변의 원칙 _ 89
21 흔들림 없는 노후 준비 _ 93

3장
습관 사전
인생은 건너뛰는
법이 없다

22 사람 만드는 습관 _ 101
23 건강 관리 _ 104
24 작심삼일 예방법 _ 108
25 정확한 의사소통의 조건 _ 111
26 외모에 변화 주기 _ 114
27 디지털 시대의 독서 _ 119
28 꾸준하게 고전 읽기 _ 124
29 나를 바꾸는 글쓰기 _ 128
30 그래도 종이 신문 _ 132
31 일정한 '연습량' 쌓기 _ 135
32 '동사적 사고' _ 138
33 건강한 자극 _ 141
34 잘 쉰다는 것 _ 144
35 부지런히 여행하기 _ 147

4장
관계 사전
**마음을 다하되
건강한 거리를 두라**

36 부부 사이 _ **155**
37 부모의 유산 _ **158**
38 자식 농사의 기본 _ **162**
39 사람들과의 갈등 관리 _ **166**
40 친구와의 적정 거리 _ **170**
41 거절의 미덕 _ **173**
42 타인에 대한 기본 _ **176**
43 사람을 보는 눈 _ **178**
44 진정한 처세 _ **183**
45 '에너지 뱀파이어' 주의보 _ **187**
46 나를 보호하는 법 _ **190**
47 남자의 실족 방지법 _ **194**
48 멘토 열풍 바로보기 _ **198**

5장
태도 사전
**모든 것은 태도에
달려 있다**

49 일단 시작 _ **205**
50 고독을 즐기는 법 _ **210**
51 깨어 있는 삶 _ **214**
52 누군가 나를 지켜보는 것처럼 _ **218**
53 시간을 대하는 법 _ **221**
54 굳건한 삶의 원칙 _ **224**
55 나를 비추는 말과 글 _ **228**
56 평생 습관, 배움 _ **232**
57 집중력 기르기 _ **237**
58 생활 리듬 되찾기 _ **241**
59 남을 돕는 일 _ **245**

60 때로는 안테나 끄기 _ **250**
61 나에게 주는 선물 _ **253**
62 슬럼프 극복 _ **257**
63 죽음을 준비하기 _ **262**

6장
철학 사전
**자기 속도대로 살기 위한
인생의 나침반이 있는가**

64 인생 나침반, 철학 _ **269**
65 목표가 있는 삶 _ **272**
66 자기 페이스 유지하기 _ **275**
67 현실을 직시하는 힘 _ **278**
68 유행 vs. 본질 _ **280**
69 패기에 브레이크 달기 _ **283**
70 지금까지의 정답 지우기 _ **287**
71 완벽이 아닌 최선 _ **291**
72 절박함이 힘 _ **293**
73 꿈의 목록 _ **296**
74 성공 이후의 삶 _ **298**

에필로그 '인생은 시선입니다' _ **302**

01 누구보다 소중한 나

02 분노 다스리기

03 나의 정체성

04 불안 마주하기

05 자제력 키우기

06 '나'란 사람의 그릇

07 역경에 대하여

08 자기 연민의 함정

09 나이에 대한 두려움

10 외로움과의 동행

1장

자아 사전

제대로 마주하라

누구보다 소중한 나*

Gong's definition

'너 자신을 알라'보다 더 중요한 것은
'너 자신을 사랑하라'.

▶ 저는 무척 성격이 급한 편입니다. 다행히 지금은 과거에 비해 상당히 나아졌지만, 젊은 날부터 고민을 많이 했던 부분이지요.

성격이 급하면 업무를 처리하는 속도나 양에서는 유리한 면이 있습니다. 하지만 스스로 스트레스를 많이 받고, 속도를 맞추지 못하는 주변 사람들에게 쉽게 짜증내거나 불평하기도 합니다. 그러다 보니 작더라도 사람들 사이에서 갈등의 씨앗이 되곤 했습니다.

이처럼 못마땅하고 불편한 점이 있었음에도 불구하고 자신에 대한 믿음이나 사랑을 잃어버리지 않으려고 노력했습니다. '이런 단점을 갖고 있지만 그래도 나는 장점을 더 많이 가진 사람이다. 사람이 어떻게 단점이 없을 수 있겠는가? 부족한 점은 차근차근 고쳐가고 채워가면 된다' 하고 생각하며 살아왔습니다.

'너 자신을 알라'라는 말만큼, 아니 어쩌면 그보다 더 중요한 것이 '너 자신을 사랑하라'가 아닐까 합니다.

살면서 우리는 가족을, 친구를, 타인을 사랑하라는 말은 귀에 못이 박히도록 듣습니다. 그들을 사랑하는 것은 중요하지요. 하지만 정작 우리가 놓치며 살아가는 것이 스스로를 사랑하고 아끼는 일이 아닐까요?

자신이 잘나서, 뛰어나서, 완벽해서 사랑하는 것이 아닙니다. 실수하는 자신도, 부족한 자신도, 마음에 들지 않는 말과 행동을 자주 하는 자신도 온전히 받아들이고 사랑해야 합니다. 그래야 더 나은 사람이 되기 위해 노력할 수 있고, 더 행복해질 수 있습니다. 아울러 타인도 더욱 사랑할 수 있게 됩니다.

자신의 단점에 대해 지나치게 고민하시나요? 그럴 필요 없습니다. 단점에 대해서는 가능한 한 너그럽게 대하고, 자신이 가진 강점에 주목하여 그것을 더 개발하면 됩니다.

저는 제 강점으로 인해 얻게 된 작은 성취에 대해서 스스로 칭찬을 아끼지 않습니다. 결과가 비록 좋지 않더라도 최선을 다한 것에 대해서는 '칭찬의 말'을 아낌없이 합니다.

물론 부족하고 못난 자신을 인정하고 사랑해서 그 자리에 계속 머물라는 이야기는 아닙니다. 우리는 항상 더 나은 사람이 되려고 노력해야 합니다.

하지만 인간이기에 노력하면서도 게으름을 피우고, 유혹에 굴복할 수 있지요. 이럴 때 자신을 힐난하며 노력을 그만두는 것이 아니라 그러한 자신을 너그럽게 받아들이고 다시 나아가면 됩니다.

  우리가 부모님을, 자녀를, 친구를 완벽해서 사랑하는 것이 아니듯, 그들의 있는 모습 그대로를 인정하고 사랑하듯, 자기 자신도 있는 그대로 인정하고 사랑하세요. 그리고 사랑하는 자신을 더 나은 사람으로 만들기 위해 노력하세요. 이 세상 그 누구보다 소중한 자기 자신을!

> "나를 믿어주고 내가 가장 잘되기만을 바라며 낙심한 나에게 용기를 줄 멘토나 좋은 친구의 관점으로 자신을 대하라."
>
> ─ 켈리 맥고니걸, 『왜 나는 항상 결심만 할까』

분노* 다스리기

Gong's definition
빨간불이 켜졌을 땐 일단 멈춰야 한다! 다시 파란불이 켜질 때까지.

▶ 제가 고등학교에 다닐 때 일입니다. 어업을 한 아버지께서 사업에 크게 타격을 받고 재기하기 위해 안간힘을 쓰고 계셨습니다. 그때 충분히 아버지를 도와줄 여력이 있던 친척이 있었습니다. 아버지의 도움으로 가난을 벗어나서 크게 성공한 사람이었죠.

그런데 그 사람은 자신이 가진 기술을 이용해서 번번이 도와주겠다는 약속만 할 뿐 한 번도 실제로 도움을 주지 않았습니다. 그 당시 저희 집은 상당히 절박했습니다. 7남매 중 셋이 대학을 다니고 있었던 때니까요.

그해 추석, 그 친척은 아버지의 사업을 도와주는 대신 추석 선물로 술 한 병을 보냈습니다. 그때 막내인 제가 참지 못하고 그 집에 가서 술병을 돌려주며 고래고래 소리를 지르고 항의했습니다.

수십 년 전의 일이지만 지울 수 없는 기억 가운데 하나죠. 당시 저는 부모가 고생하는 것에 마음 아파하며, 부모가 부당한 대우를 받는 것에 대해 분노하던 무척이나 의협심이 강한 청년이었습니다.

다행히 그때 제가 표현한 분노가 다른 문제를 일으키거나 타인에게 해를 입히지는 않았습니다. 거친 세상에서 저마다 다른 이해관계를 가진 사람들과 부대끼며 살아가다 보면 꼭 의협심이 강하지 않더라도 좀처럼 참기 힘든 순간에 부딪히곤 합니다.

하지만 혼자 살아가는 것이 아니기에, 아무리 억울해도 누군가에게 또다른 피해를 입히거나 해서는 안 되겠죠. 그만큼 성난 불길과 같은 분노를 잘 다스리는 일이 참 중요합니다.

그런데 가끔 분노를 다스리지 못해서 크고 작은 문제를 일으키고, 범죄를 저지르는 사람들이 있습니다.

몇 달 전에도 끔찍하고 안타까운 뉴스를 접했습니다. 열아홉 살의 김 군은 평소 친척들이 어머니를 못 배우고 돈이 없다고 무시하는 데에 불만을 품고 있었다고 합니다.

할아버지의 생신 날, 김 군은 식당일을 마치고 늦게 귀가한 어머니가 친척들이 무시하는 걸 듣기 싫어 친척 집에 가지 않았다는 말을 들었습니다. 그는 격분하여 친척들이 자고 있던 집으로 칼을 들고 갔습니다. 그는 칼을 휘둘러 작은아버지를 죽이고, 할아버지를 포함해 7명을 다치게 했습니다.

위와 같이 극단적인 사례는 아니어도, 우리 주변에는 화를 참지 못해 벌어지는 크고 작은 사건들이 많습니다. 그 어느 때보다 사는 게 바쁘고 복잡한 요즘, 우리에게 스트레스를 주고 화나게 만드는 일들은 너무도 많지요.

옛말에 '참을 인(忍) 자 세 개면 살인도 면한다'고 했습니다. 화가 날 때는 그 기분 그대로 반응하지 말고, 일단 한 템포 늦춥시다. 잠시 멈추고 화가 나게 만든 상대방 입장에서 생각해 봅니다. 그러면 점차 화나는 일이 그렇게 심각한 것이 아님을 느끼게 되면서·상대방의 입장도 이해가 됩니다.

또한 조금 거리를 두고 문제를 바라볼 필요도 있습니다. 가만히 자신의 마음속에서 일어나는 일련의 변화를 제3자가 지켜보듯 바라보면 화를 가라앉힐 수 있습니다.

저도 언제부터인가 저뿐만 아니라 세상을 유심히 관찰하는 시간이 늘어나면서, 제 감정 변화를 관심 있게 지켜보게 되었습니다. 그 결과 분노를 제3자의 입장에서 지켜볼 수 있게 되었습니다.

이따금 화가 일어나서 진행되는 과정을 지긋이 바라보면 화가 몸의 어느 부분을 통과하고 있는지를 알게 되지요. 마치 2층에서 거리를 오고 가는 사람들을 바라보는 것과 같습니다. 이런 식으로 하다 보면 화를 내야 하는 경우가 손에 꼽을 정도로 적어집니다.

하지만 무조건 화를 참는 게 능사는 아닙니다. 화를 너무 참고 마음에 쌓아두기만 하면 나중에 더 큰 분노로 폭발할 우려가 있습니다. 앞의 김 모 군도 평소에 화를 낸 적이 없는 조용한 성격이었다고 합니다.

이렇듯 필요할 때는 화를 내야 합니다. 예를 들어, 깔끔하게 마무리해야 하는 일에서 평소에 조언을 귀담아 듣지 않고 반복적으로 실수하는 직원이 있다면 약간의 화를 섞어 나무랄 수 있습니다.

그래도 더 나은 방법은 화를 내지 않고 차분하고 따끔하게 말해주는 것이지요. 하지만 이것이 저를 포함해서 보통 사람에게 쉽지 않습니다.

분노를 다스리는 것은 하루아침에 되는 일도 아니고, 결심했다고 해서 그대로 이루어지는 일도 아닙니다. 일정한 '연습량'이 필요합니다. 그렇기에 평소에 불필요한 상황에서 화가 나지 않도록 꾸준히 마음을 다스리고, 필요한 경우에는 화를 표출하되 이성적으로 표현해야 합니다. 이렇게 될 수 있도록 내 마음을 고요히 바라볼 수 있는 호흡법 같은 방법을 꾸준히 연습해 보는 것도 좋습니다.

나의 정체성*

Gong's definition

나는 누구인가. 확고한 정체성은 캄캄한 밤 바다의 등대. 삶의 항해에서 길을 잃지 않게 해주는.

▶ 누가 여러분에게 "당신은 누구입니까?"라고 묻는다면 어떻게 답하시겠습니까? 저는 이렇게 답할 겁니다.

저는 책을 쓰는 작가이기도 하고, 강연을 하는 강사이기도 하고, 프로젝트를 컨설팅해 주는 컨설턴트이기도 하지요. 홈페이지와 블로그를 적극적으로 관리하는 사람이기도 합니다.

하지만 이 모든 것 하나하나를 두고 공병호라는 사람의 정체성을 명확하게 정의하기는 쉽지 않을 것입니다. "공병호는 작가입니다"라고 이야기할 수도 있지만, 이는 제가 갖고 있는 직업인으로서의 기능 가운데 하나만을 반영한 것입니다.

마찬가지로 "공병호는 강연자입니다"라고 말할 수 있지만 이 역시 저의 직업 가운데 하나일 뿐입니다. 그래서 저는 저를 설명하는 말로서 이렇게 답하겠습니다. "공병호는 콘텐츠 크리에이터입니다."

마흔 무렵 조직을 떠나 홀로서기를 시작한 이후에 저는 한 번도 '나는 누구인가' '나는 뭘 하는 사람이며 뭘 해야 하는 사람인가'를 잊은 적이 없습니다.

한 사람의 인생에서 직업인으로서의 확고한 정체성은 캄캄한 밤바다의 등대와 같은 역할을 합니다. 시간을 어떻게 보내야 할지, 사람들을 어떻게 대해야 할지, 오고 가는 시간을 어떻게 활용해야 할지, 혼자 있는 시간을 무슨 일을 하면서 보내야 할지 등에 대해 명확한 기준과 잣대를 제공하는 것이 바로 '나는 누구인가'에 대한 답입니다.

저는 활자·동영상·음성 파일, 어떤 형식으로든 콘텐츠를 만들어내는 사람입니다. 그뿐 아니라 세일즈맨과 콘텐츠 리서처와 콘텐츠 디스트리뷰터를 모두 포함한다 할 수 있습니다.

일을 완전히 그만두고 은퇴를 하기 전까지 저는 콘텐츠 크리에이터라는 명확한 정체성을 계속해서 유지해 나갈 것입니다. 콘텐츠 크리에이터로서 기쁨과 행복을 누릴 수 있어야 할 뿐만 아니라 생계에 필요한 돈도 벌어야 하겠지요. 이렇게 명확한 정체성을 갖고 살다 보면 시간이나 에너지 면에서 낭비가 크게 줄어듭니다.

작은 기쁨에 연연하고 유행에 지나치게 휘둘리는 사람이 있다면, 하고 있는 일에 대해 늘 불평과 불만을 터뜨리는 사람이 있다면, 무엇을 읽어야 할지 무엇을 해야 할지 늘 고민하는 사람이 있다면, 이번에는 놀 건수가 없을까 호시탐탐 기회를 노리는 사람이라면 제일 먼저 점검해 봐야 할 것은 직업인으로서 '나는 누구인가?'입니다.

과장이나 차장, 부장 같은 직책은 항상 변화합니다. 어느 회사의 누구라는 것도 늘 바뀝니다. 이런 것들은 지속적인 안정감, 추진력을 줄 수 없습니다. 계속해서 변화하는 것이니까요.

여러분이 지금 하고 있는 일을 중심으로, 여러분이 소망하는 미래상을 중심으로, 그리고 관리해 나가고자 하는 경력을 중심으로 '나는 누구인가?' 혹은 '나는 무엇을 해야 하는 사람인가?'에 대한 확실한 답을 정리해 보세요.

그 답은 예상보다 훨씬 더 강력한 추진력을 여러분에게 불어넣어 줄 것입니다.

불안* 마주하기

Gong's definition
불안은 가장 오래된 생존본능이다. 다만 사람이기에 당연한 그것을 온전히 바라보라.

▶ 주말에 자기경영 프로그램 강의를 마치고 돌아가는 길에는 어김없이 강남역 사거리에서 신논현역 사거리 쪽으로 걸어갑니다. 그곳은 우리나라에서 특히 번화하고 젊은이들이 많은 거리입니다.

그런데 그 거리에는 천막을 친 점집들이 성업 중입니다. 한두 집 정도가 아니라 길 한쪽에 빼곡히 들어서 있습니다. 점집에 앉아 이야기를 듣고 있는 젊은이들을 보면 '스마트폰과 태블릿PC로 무장하고 온갖 최신 유행과 정보를 소비하지만 정작 행동은 옛날 사람들과 다를 바가 없구나' 하는 생각이 듭니다.

무엇이 젊은이들을 그곳으로 이끌었을까요? 아마도 미래에 대한 불안감일 것입니다. 불안감의 원인 중에서도 극심한 취업난이 큰 몫을 차지할 것입니다.

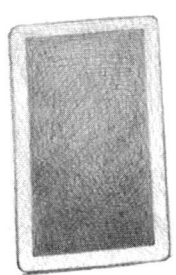

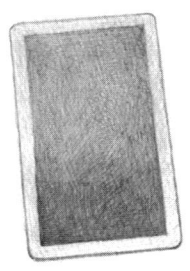

이는 우리나라만의 이야기는 아닙니다. 일본에도 점 열풍이 대단하다고 합니다. 일본 정부 산하 기관인 국민생활센터에 따르면 점을 보는 사람들은 20, 30대가 대부분이라고 합니다.

사회의 빠른 변화, 바쁜 생활, 위태로운 직업, 불확실한 미래, 길어지는 노후 등 우리를 불안하게 만드는 것들이 한두 가지가 아닙니다. 현대를 살아가는 사람들의 불안감이 더 심할 수 있을지 몰라도, 그런 불안감은 어느 시대, 어느 곳에든 늘 있었을 것입니다.

사실 불안감은 모든 존재에게 필수적입니다. 생명을 유지해 나가는 오랜 진화 과정을 통해 인간 뇌에는 불안감이 자리를 잡았습니다. 오늘은 무엇을 먹어야 할지, 내일은 또 어떻게 하루를 날지……. 그런 고민들 때문에 오늘까지 인류가 존속될 수 있었지요.

우선 불안감을 느끼는 건 당연한 일이라고 인정하세요. 삶의 불안과 불확실함을 삶의 불가피한 부분으로 받아들인다면 훨씬 건강한 삶을 살 수 있을 것입니다. 스스로 통제할 수 없다는 사실을 받아들이고 나면 '어떻게 슬기롭게 헤쳐갈 수 있을까?'라는 질문에 대한 답을 구할 수 있기 때문입니다.

인생의 어느 시점이 되면 영혼에 대한 지적인 투자를 조금씩 늘려가는 일이 필요합니다. 불안감이나 의욕, 성공과 행복 등 중요한 것들은 대부분 눈에 보이지 않는 정신의 영역에 의해 통제되기 때문입니다. 영혼에 대해 이해하면 할수록 불안감의 실체를 직시하고 다루는 방법도 잘 알 수 있습니다.

불안감을 다스리는 구체적인 방법에는 말씀 묵상처럼 마음을 채우는 방법이 있고 명상처럼 마음을 비우는 방법이 있습니다. 어떤 방법으로 다스릴지는 각자 선택해야겠지요.

자본주의 세상에서는 수요가 있으면 공급이 생겨납니다. 사람들의 불안감을 교묘히 이용해서 '영혼 비즈니스'가 성황을 이룹니다. 이들은 마음의 평정심을 유지해 주고 앞날을 내다볼 수 있다고 큰 소리칩니다. 하지만 모두 허황된 믿음일 뿐이에요. 무엇보다 소중한 자신의 영혼을 그런 헛된 주장을 내세우는 사람이나 조직에 맡겨버리면 안 됩니다.

늘 자기 내면을 들여다보면서 강건한 정신 상태를 유지하도록 노력하세요. 중독이나 마케팅에 놀아나지 않도록 조심하면서요.

내면세계를 스스로 가다듬는 방법을 찾아서 꾸준히 실천해야 합니다. 살아가면서 불안감을 느끼는 것은 자연스러운 일임을 인정하고, 자신이 할 수 있는 작은 일부터 성실하게 해나가면서 불안감을 다스려보세요.

005

자제력* 키우기

Gong's definition
한 인간의 됨됨이를 드러내는 냉정한 바로미터.

▶ 21세기는 욕망을 부추기는 시대입니다. 그런 환경 속에서 살다 보니 사람들이 점점 참을성과 자제력이 없어집니다.

개인의 삶에서 각자가 내리는 의사 결정의 핵심에는 현재의 쾌락(혹은 비용) 그리고 미래의 쾌락(혹은 비용)이 놓여 있습니다. 어디에 더 큰 비중을 두고 선택할 지에 따라 삶의 모습은 크게 달라집니다.

삶에서 만나게 되는 대부분의 문제들은 예상할 수 있습니다. 폭음, 폭식, 게으름, 나태함, 준비 부족, 무절제, 스캔들, 뇌물 수수 등이 가져오게 될 폐해는 잘 알려져 있지요.

한 정치인이 5억 원 배달 사고로 목숨을 끊은 사건에 대한 기사를 읽으면서 여러 가지 생각이 머리를 스쳤습니다. 서울 법대 졸업, 사법고시 합격, 재선 국회의원 등의 화려한 이력에 시골에서 태어나서 입신한 사람의 일대기가 파노라마처럼 펼쳐집니다.

자신의 경력이 꺾이는 것에 대한 낙담도 한 원인이 되었겠지만, 욕심을 자제하지 못하고 돈을 중간에서 가로챈 행위가 부끄러웠을 수 있습니다.

언제 어디서든 선을 넘지 않고 스스로 멈출 수 있는 힘은 자신이 세운 원칙을 예외 없이 반복적으로 지킴으로써 얻을 수 있습니다. 마치 근력을 키우는 것과 같지요. 한 번 두 번 선을 넘다 보면 어느 새 무덤덤해집니다. 인간은 자신의 행위를 합리화하는 데 뛰어난 능력을 갖고 있으니까요.

자제력을 키우기 위해 제가 활용하는 한 가지 방법은 위의 사건처럼 공인들이 극적인 사건으로 몰락하는 일을 그냥 넘기지 않는 것입니다. 사건의 앞뒤를 생각해 보고, 당사자의 입장에서 생각해 보고, 원인을 생각해 보면서 브레이크를 작동할 수 없다면 어떻게 되는지를 찬찬히 되새겨봅니다. 타인의 몰락에서 배우는 자제력 키우기라 할 수 있을까요?

『습관의 힘』에 보면 오스트레일리아의 심리학자 메건 오튼과 생물학자 켄 청이 자제력을 강화하는 방법에 대해 실시했던 다양한 실험 내용이 등장합니다. 그들이 발견한 방법은 치료 효과가 지대했습니다. 바로 신체 운동입니다.

운동을 열심히 하는 사람들에게 왜 운동을 하느냐고 물으면 기분이 좋아지기 때문이라고 답합니다. 결국 운동이 보상을 해주는 것이죠. 보상을 얻으면 또 운동을 원하게 되고, 결국 '신호-반복 행동-보상-다시 신호'라는 선순환이 일어납니다.

모든 자제력도 비슷한 경로를 밟게 됩니다. 선택의 기로에 섰을 때 자신이 올바르다고 생각하고 지켜야 한다고 생각하는 원칙을 지키면 자신의 행위에 대해 자긍심을 갖게 됩니다.

따라서 다음에 선택의 순간이 주어지면 자긍심을 떠올리면서 자연스럽게 원칙을 준수하는 행동을 반복하게 됩니다. 자긍심이 일종의 보상이기 때문에 그것이 주어지는 행동을 계속해서 선택하는 것이죠. 이런 과정에서 자제력이 키워집니다.

타인의 몰락으로부터 배우는 것이 자제력 키우기를 위한 방어적 방법이라면, 원칙을 준수함으로써 자제력을 키우는 것은 공세적 방법입니다. 두 가지를 적절히 병행하면서 자제력을 키우면 도움이 될 것입니다.

> "개인과 사회를 통틀어 가장 심각한 문제는 자기 절제를 못한 데서 비롯된다. 또한 부족한 자기 절제는 온갖 종류의 개인적 비극으로 이어지고 만다."
> ─로이 바우마이스터, 『의지력의 재발견』

'나'란 사람의 그릇*

Gong's definition
자기 자신의 그릇 크기와 모양을 착각하는 것은 인생을 잘못 사는 지름길.

우리는 어떤 사람에 대해 설명할 때 '그릇'이라는 표현을 종종 사용합니다. 저 사람은 그릇이 그것밖에 안 된다, 이 사람은 그릇이 크다, 자기 그릇에 맞는 일을 찾아야 한다……. 그릇의 크기와 모양에 따라 어떤 음식을 담을지 결정하듯이, 사람도 자신의 그릇에 맞는 역할을 해야 합니다.

최근에 공직에서 물러난 A씨는 학자로서는 상당한 성과를 보였지만 공직자로서는 그렇지 못했습니다. 저는 그분이 공직을 맡을 때부터 '저분에게 저 자리는 아닌데……'라는 걱정을 했습니다.

공직에서 일하려면 사람들 사이에서 이견을 조정하고 때로는 정치력을 발휘해서 설득하기도 하고 압박하기도 해야 하는데, 그렇지 못했습니다. 파워게임에도 능해야 하는데 그분의 성향은 자유로운 편이고 사람 사이의 권력 관계를 조정하는 데 익숙하지 못한 프리랜서에 가까웠습니다.

누구든 어떤 분야에서는 그릇이 크지만 다른 분야에서는 그릇이 작은 사람일 수 있습니다. 그만큼 자신의 그릇을 정확히 아는 일이 정말 중요합니다.

그분을 보면서 세네카의 『행복론』의 한 구절이 떠올랐습니다.

무엇보다도 우리 자신을 정확히 평가할 필요가 있네. 우리는 대체로 자신의 능력을 과대평가하기 때문이네. 어떤 사람은 자신의 언변을 믿다가 실족하고, 어떤 사람은 재산상 자신이 감당할 수 있는 것 이상을 요구하고, 어떤 사람은 자신의 허약한 몸에 힘겨운 의무를 지운다네.

— 세네카, 『인생이 왜 짧은가』

이는 특히 직업을 선택할 때, 전직이나 전업을 할 때, 사업을 확장할 때 명심하면 좋을 조언입니다.

물론 자신의 그릇을 키우기 위해 꾸준히 노력해야 하지만, 노력하더라도 더 이상 키울 수 없는 한계가 있습니다. 또한 타고난 모양은 바꾸기 힘듭니다.

특정 분야에 뛰어난 사람이 있습니다. 그 분야에 큰 그릇을 갖고 있는 사람이지요. 반대로 특정 분야에서 자질이 떨어지는 사람이 있습니다. 그 분야에서 작은 그릇을 갖고 있는 것이지요.

나이를 먹어가면서 스스로의 그릇을 아는 것은 개인적으로나 사회적으로나 더욱더 중요해집니다. 그런데 그것이 말처럼 쉽지 않습니다. 똑똑한 사람들 중에도 인생의 중후반기에 자신의 그릇을 제대로 알지 못해서 낭패하는 경우가 많습니다.

제가 아는 한 분은 전문 경영인으로 거의 정상까지 올라가는 데 성공했습니다. 그러다 보니 오너가 생각하는 것과 전문 경영인이 생각하는 것 사이에 종종 충돌이 있었습니다.

경영인의 입장에서 보면 합리적이고 이성적으로 오너를 설득해야 하겠지만 사실 가장 큰 이익이 걸려 있는 사람은 오너이지요. 몇 번의 설득에도 불구하고 오너가 '노'라면 따르는 것이 올바른 선택입니다.

결국 그분은 충돌이 있고 나서 자리를 떠나게 되었는데, 그 소식을 접하며 지인이 자신의 능력과 그릇을 과대평가했던 것은 아닌지 하는 안타까운 마음이 들었습니다.

이따금 명망가들 가운데에도 눈살을 찌푸리게 만드는 행동을 하는 사람들이 있습니다. 상당한 나이를 먹고 지위도 높은 사람들이 상식 밖의 언행을 일삼는 것을 보면 고개가 갸우뚱해지고 아쉬움이 남습니다. 자신이 있어야 할 자리가 아닌 것이죠. 바로 세상에서 바라보는 나라는 사람의 그릇에 어울리지 않는 행동을 한 것입니다.

　자신을 제대로 아는 일은 성공과 행복을 위해 중요합니다. 지금 이 순간에 서 있어야 할 자리가 어디인지를 정확히 알고 자신의 그릇을 정확히 이해한 상태에서 채우고 또 채우듯이 하루를 살아가야 합니다. 미혹함이나 덧없는 것들에 시간과 주의와 에너지를 낭비해서는 안 됩니다. 지상에서 머무는 시간은 제한되어 있음을 기억하면서요.

역경*에 대하여

Gong's definition
내 인생을 단련시키는 뜨거운 용광로. 그것을 통해 성장하고 삶의 불순물을 걸러낸다.

▶ 얼마 전, TV의 한 토크쇼에 닉 부이치치라는 사람이 출연한 것을 보았습니다. 그는 팔다리가 없이 태어나 세 차례나 자살을 시도하기도 했지만, 장애를 극복하고 온 세상 사람들에게 희망을 전하고 있는 인물이지요.

그는 겨우 발가락이 두 개 달린 작은 왼발로 컴퓨터 자판도 치고, 샤워와 옷 입기 등 대부분의 일상을 스스로 해내고 있었습니다. 게다가 축구·수영·테니스·골프·서핑·승마 등 온갖 스포츠를 해내는 만능 스포츠맨이라고 합니다.

그는 "내가 갖지 못한 것보다 내가 가진 것에 집중하세요", 그리고 "스스로 한계를 정하지 마세요. 팔다리가 없는 나도 매일 새로운 일에 도전합니다"라는 말을 남겼습니다. 엄청난 역경을 극복해 낸 사람의 메시지여서 유독 큰 울림이 있었습니다.

우리 모두는 살면서 크든 작든 여러 가지 어려움을 겪습니다. 형편이 어려운 집에 태어나서, 머리가 안 좋아서, 원하는 학교에 진학하지 못해서, 취업이 잘 안 되서, 사랑하는 사람의 마음을 얻지 못해서, 다니던 회사가 도산해서, 원하지 않게 퇴직을 해서, 병을 얻어서……

그중에는 우리 힘으로 도저히 해결할 수 없는 어려움도 있을 수 있습니다. 하지만 많은 경우 우리가 넘을 수 있거나 돌아서 갈 수 있는 장벽들입니다.

저는 닉 부이치치만큼의 역경을 겪지는 않고 살아왔습니다. 제 앞 세대처럼 전쟁을 경험하지도 않았지요. 그래도 역경이라 부를 수 있을 몇 번의 어려움은 있었습니다.

마흔 살 무렵 전직에 실패한 후 재기전을 펼치던 시절의 어려움은 아직도 기억에 생생하게 남아 있습니다. 컴퓨터, 팩스, 복사기 한 대를 안방에 들여놓고 다시 일어서려는 프로젝트를 시작했던 모습이 엊그제 일처럼 떠오릅니다. 정말 막막하더군요. '내가 어쩌다 이 지경에 이르게 되었나.'

그나마 다행스러운 것은 그런 일이 일어나기 전까지 대단히 착실히 살아왔다는 사실입니다. 그런 착실함에서 만들어진 든든한 자산이 있었습니다. 어떤 문제든지 해결해 나갈 수 있다는 자신에 대한 믿음 말입니다.

실패의 아픔 속에서도 다시 목표와 계획을 세우고 그 계획에 따라 새 걸음을 내디딜 수 있었던 것은 역경을 만나기 전에 착실히 자신의 인생을 만들어온 축적의 경험 덕분이라고 생각합니다.

이 글을 읽는 분들 가운데에도 언젠가는 조직을 떠날 분들이 많을 겁니다. 그것이 예상한 시점에 이루어지면 좋겠지만 그렇지 않을 때는 크나큰 역경으로 다가올 것입니다. 그렇더라도 지금까지 최선을 다해 살아왔다는 자긍심을 가질 수 있다면 그 역경을 극복하는 일도 어렵지 않을 것입니다.

역경을 헤쳐 나가다 보면 살아가며 추구하는 것에 대한 우선순위가 깔끔하게 정리됩니다. 사람 관계를 비롯한 모든 부분에서 군더더기가 없어집니다. 광물 원석이 용광로에서 불순물이 걸러지듯 역경은 삶의 불순물을 제거해 줍니다.

조앤 롤링은 『해리 포터』를 쓰던 당시, 직장도 없이 아이를 키우는 이혼녀로서 스스로 '노숙자를 제외하고는 영국에서 가장 가난했다'고 할 정도로 비참한 상황이었다고 하지요.

그러나 한편으로는 그 때문에 삶에서 불필요한 것들을 모두 제거하고 글쓰기에만 열정을 쏟을 수 있었다고 합니다. "실패를 통해 저는 자신에 대해 더 잘 알게 되었습니다. 실패하지 않았다면 결코 알지 못했을 것입니다. 저는 제가 의지가 강한 사람이고, 생각했던 것보다 훨씬 자기 관리를 잘한다는 것을 깨달았습니다." 조앤 롤링의 말입니다.

사람들은 대개 편안함에 큰 가치를 두기 때문에 역경은 손해로만 받아들입니다. 그러나 어려움을 겪지 않는다면 인간적으로 성장하고 성숙하기 어렵습니다.

대부분의 역경은 사람 됨됨이에 긍정적인 영향을 미칩니다. 그것을 극복하고 나면 한 사람의 그릇이 과거와 비교할 수 없을 만큼 커집니다. 깊이 또한 달라집니다.

조앤 롤링의 말처럼 우리는 생각보다 의지가 강하고, 자기 관리를 잘하는 사람일 수 있습니다. 살면서 어려움에 부닥칠 때면 자신의 잠재력을 기억하세요. 그리고 용기를 내세요.

자기 연민*의 함정

Gong's definition
<u>스스로 눈을 가리는 마음의 병. 성장은 멈추고 피해의식만 키우는 독이다.</u>

▶ 저는 지금까지 살아오면서 징징거리고 불평한 기억은 별로 없습니다. 삶이란 원래 쉽지 않으며 공정하지 않은 거라고 생각해 왔기 때문입니다.

성인이 된 후에는 부족함이란 채워가야 할 대상이라고 생각했기 때문에 더더욱 징징거릴 이유가 없었습니다. 또한 징징거린다고 해서 문제 해결에 도움이 되지 않는다는 사실을 잘 알았기 때문이기도 합니다.

"자기 연민은 최대의 적이며, 거기에 굴복하면 현명한 일은 아무것도 할 수 없습니다." 헬렌 켈러의 말입니다.

이 세상에 고민 없는 사람은 없고, 살면서 아픔을 겪지 않는 사람은 없습니다. 그런데 유난히 신세 한탄을 심하게 하고 자신이 세상에서 가장 불행한 듯 구는 사람들이 있습니다.

그런 사람들은 마치 '자극-반응'처럼 늘 그렇게 행동합니다. 그들을 볼 때마다 조금만 관점을 바꾸면 완전히 다른 세상이 펼쳐지는데, 하는 안타까운 마음이 듭니다.

더 불행한 일은 징징거리면서 스스로를 희생양으로 생각하는 순간, 좋은 결과를 거둘 수 없다는 사실입니다. 불행의 원인을 외부로 돌려버리기 때문입니다. 자기 연민을 습관적으로 만들어내는 사람에게는 정말 대책이 없습니다.

지인 A씨는 부지런한 분입니다. 다만 피해의식이 좀 심한 편입니다. 누구 때문에 어떤 기관 때문에 우리가 이렇게 어렵게 되었다는 생각이 강하지요. 그런 생각이 반복되다 보니 이제는 제2의 천성처럼 자리를 잡게 되었습니다. 피해의식은 자기 연민과 거의 동시에 일어납니다. 한두 번 정도는 이해하려 노력하지만 자꾸 반복되니 대화를 나눌 때마다 힘듭니다.

'연민'이라는 감정이 내가 아닌 존재를 향할 때는 아름답지만 자신에 대해 지나친 연민을 느끼는 것은 바람직하지 않습니다.

물론 저도 힘들 때가 있습니다. 그럴 때마다 저는 그 상황을 객관화해 봅니다. '사는 게 정말 힘들다'는 생각이 떠오른다고 해보세요.

이때 '과연 그런가?'라는 질문을 자신에게 던져보면 자기 연민이나 불평은 쑥 들어가고 맙니다. 느낌을 사실로 검증해 보지 않을 때 우리는 주관적인 감정의 늪에 빠져 허우적거리게 되지요. 이처럼 거울에 비친 자신의 모습을 살피듯 멀찌감치 떨어져서 볼 수 있다면 자기 연민에 빠져들 가능성을 줄일 수 있습니다.

사실 이 시대에 태어나서 사는 것은 역사상으로 보면 엄청난 행운입니다. 인류 역사의 99퍼센트가 넘는 시간 동안 인간의 상황은 지금보다 훨씬 비참했습니다.

인간은 자신의 고통이나 현재의 고통을 과장하는 경향이 있습니다. 자신의 상황을 객관적으로 바라보세요. 자신을 비참하게 바라보는 건 아무런 도움이 되지 않습니다. 문제 해결에도, 정신 건강에도.

"연민은 인간이 품을 수 있는 가장 고귀한 감정이지만, 자기 연민(self-pity)은 가장 천박한 감정이라고 할 수 있다. 연민은 다른 사람의 고통을 함께하며 손을 쓸 수 있지만, 자기 연민은 자신의 현실 인식을 심각하게 왜곡해 두 손과 두 발을 묶어버리는 감정의 병이다." —유진 피터슨, 「대지와 제단」

009
나이*에 대한 두려움

Gong's definition
호르는 시간을 통제할 수는 없다. 용기만이
그 흐름을 타고 넘어갈 수 있는 열쇠다.

 40대에 접어들면 자신이 걸어가게 될 미래에 대해 자주 생각하게 됩니다. '그냥 이렇게 끝나버리는 것일까?'라는 두려움과 함께요. 그러나 지금까지 걸어오던 길에서 방향을 선회하기는 쉽지 않습니다. 변화가 가져올지 모를 위험을 생각해야 하니까요.

며칠 전에 어느 젊은 작가의 글을 읽었습니다. 그 작가는 '처자식이 걸린다고 자신의 인생을 드높일 수 있는 도전을 포기할 수 없다. 당신에게는 그럴 의무도 권리도 없다'라고 패기만만하게 이야기하고 있었습니다.

그러나 세상살이가 어디 그렇기만 한가요? 자기 자신과 가족의 앞날을 생각하지 않을 수 없는 것이 보통의 대한민국 40대입니다. 40대쯤 되면 가던 길을 계속해서 갈 수밖에 없는 원인이 가족들의 생계라는 게 솔직한 이야기일 것입니다.

삶은 두려움과 동행합니다. 특히 나이를 먹어가면서 젊은 날과 다른 형태의 두려움이 질문 형식으로 떠오릅니다. '내가 언제까지 직장에 있을 수 있을까?' '직장을 떠날 수밖에 없게 되었을 때 어떻게 살아가야 할까?' '아이들 교육을 제대로 마무리할 수 있을까?' '나이 들어서 경제적인 문제로 어려움을 겪지는 않을까?'

그런 두려움을 근원적으로 제거할 수는 없지만 이를 다루는 방법만큼은 나름대로 익힐 수 있습니다.

저는 근심과 두려움이 생길 때는 우선 내가 통제할 수 있는 영역과 없는 영역을 확실히 구분합니다. 그래서 통제할 수 있는 영역에 초점을 맞춥니다. 하루하루를 더 강하게 통제할 수 있도록 세심하게 계획을 세웁니다. 세상과 환경은 내가 어찌할 수 없지만 하루를 보내는 일

만큼은 내가 하기에 따라 얼마든지 달라질 수 있기 때문입니다.

다음으로 기회를 잡을 가능성을 최대한 높이기 위해 본업에 투입하는 시간을 대폭 늘립니다. 이때도 원칙은 분명합니다. 내가 성과를 통제하는 것은 불가능하지만 투입물은 확실히 통제할 수 있다고 믿고 다양한 시도를 합니다.

저는 50대지만 계속해서 새로운 시도를 하며 생활에 활력을 불어넣으려 노력합니다. 최근에 성공한 것이 '공병호RADIO'와 '공병호TV'입니다. 콘텐츠를 글이 아닌 소리와 영상으로 전달하는 것은 생활에 즐거움과 신선함을 주었습니다.

또한 고객들이 관심을 갖는 주제에 대해 강연 프로그램을 자체적으로 만들면서 활력을 느낍니다. '탁월한 부모 되는 법'이라는 5시간짜리 자기혁신 프로그램도 그 사례에 속합니다. 이를 기점으로 앞으로 계속해서 고객들의 수요가 많고 다른 사람이 제공하기 힘든 자기혁신 프로그램을 만들어낼 생각입니다.

저는 남보다 빠르거나 스마트하다고는 생각하지 않습니다. 그러나 새로운 일을 두려워하지는 않습니다. 나이를 의식해서 위축되지 않고, 필요하다고 생각하는 변화라면 계속 시도합니다. 그렇게 용기를 갖고 시도할 때 우리에게 기회가 찾아오니까요.

010

외로움*과의 동행

Gong's definition

피하지 말고 함께 가라. 외로울수록 군중이 아닌 자신의 세계를 위해 시간을 적립해 둘 것.

 오래전에 읽었던 책 가운데 기억에 남는 것 중 하나가 사회학자 로버트 퍼트넘의 『나 홀로 볼링』입니다. 볼링 인구는 늘어가지만 점점 혼자서 볼링을 하는 사람이 느끼는 역설적인 현상을 잘 분석한 책입니다.

이런 현상은 비단 미국만의 일은 아닙니다. 우리 사회도 점점 개인화의 길을 걷고 있습니다. 최근 국내의 한 조사를 보니, 10년 전에 비해 혼자 극장을 찾는 관객이 세 배나 늘어 전체 관객의 20퍼센트를 차지한다고 합니다. 미국 성인의 50퍼센트 이상이 독신이고 이 수치는 전체 가구의 28퍼센트에 달한다고 하지만, 한국도 25.3퍼센트가 1인 가구입니다.

날로 강해지는 개인주의 추세를 염두에 두면 외로움은 점점 더 사회적 현상으로 굳어질 것입니다.

　오늘날 도시의 상황은 외로움을 더 강하게 만듭니다. SNS에서 외로움을 토로하는 사람들을 자주 봅니다.

　가족이나 친구, 동료들이 조금은 도움이 될 수 있지만 인간은 근원적인 외로움으로부터 자유로울 수 없는 존재입니다. 평생 외로움을 느낄 수밖에 없지만, 30대와 40대에 느끼는 외로움과 50대와 60대, 그리고 그후에 느끼는 외로움의 강도와 모습은 상당히 다릅니다.

　30대와 40대는 대개 일을 하면서 어딘가에 매여 있습니다. 조직에 있을 때 사람들 대부분은 조직 생활이 주는 불편함과 스트레스에 불만을 느낍니다. 급여만을 보상이라 여깁니다. 하지만 조직 생활은 안정감과 소속감이라는 큰 보상도 안겨줍니다. 대부분이 그렇게 생각 못할 뿐이지요.

　마음에 드는 조직이든 그렇지 않든 조직을 떠나고 나면 전혀 다른 차원의 외로움이 밀려옵니다. 조직은 떠났어도 해야 할 일들이 산더미처럼 쌓여 있다면 별로 외로움을 느끼지 않을 수 있겠지요.

　하지만 은퇴를 해서 할 일이 없어지면 딱히 바쁠 일도 없을 것입니다. 이때는 정말 큰 외로움을 느끼게 되지요. 저도 조직을 떠난 초기에는 이따금 외로움을 느꼈습니다.

　그렇다면 사람들과 자주 어울리고 모임에 적극적으로 참여한다고 외로움을 해소할 수 있을까요? 오히려 군중 속에서 고독감을 더 느낄 수 있습니다. 친구를 만나고, 옛 직장 동료들을 만나고, 동호회 활동을 하면 조금은 도움이 되겠지요. 하지만 왁자지껄한 모임에 참석하고 돌아설 때면 '그래도 혼자구나'라는 생각이 더 강하게 들 수 있습니다.

외롭다고 해서 사람들을 찾고, 자꾸 외로움을 피하고 없애려고 하는 것은 바람직한 해결책이 아닙니다. 오히려 외로움과 함께 살아가는 방법을 찾아야 합니다.

자신만의 세계를 가꾸는 일이 필요합니다. 바쁘게 직장 생활을 할 때부터 '직장 계정'과 '자기 계정'을 명확히 구분하는 것이지요. 직장에 적립해야 할 시간과 에너지가 있다면, 자신에게 적립해야 할 시간과 에너지도 확보하는 것입니다.

혼자서 할 수 있는 운동이나 활동이 있어야 합니다. 자신과 깊은 대화를 나눌 수 있는 걷기나 등산 같은 것을 해도 좋습니다. 그림에 소질이 있다면 그림을 그려봐도 좋겠지요. 악기를 배워보는 것도 좋습니다.

블로그를 운영하는 것도 자기만의 세계를 가꾸는 좋은 방법입니다. 글을 쓰는 일은 자신과 대화하는 일이고 자신을 강하게 만드는 멋진 방법입니다. 영혼을 정화하는 일이지요.

신앙을 갖는 것도 한 방법이 될 수 있습니다. 신앙을 통해 마음을 닦거나 신과의 관계를 올바르게 정립하면 외로움을 건강하게 소화하는 데 도움이 될 수 있습니다.

11 전직의 지혜

12 다리 여섯 달린 돈

13 경제적 자립

14 현명한 소비

15 빚의 두 얼굴

16 사업가의 자격

17 직업인으로서의 경쟁력

18 친구 간의 돈 거래

19 내 집 마련

20 공짜에 대한 불변의 원칙

21 흔들림 없는 노후 준비

2장
생활력 사전
누구에게도 기대지 말고 야무지게

전직*의 지혜

Gong's definition

건너야 할 때는 반드시 건너야 하는 다리.
하지만 건넌 다음에는 불태워버린다는 각
오로 넘어야 할 다리.

▶ 평생 한 직장에 몸담는 사람들도 있고, 몇 번에 걸쳐 직장을 바꾸거나 직업을 바꾸는 사람들도 있습니다. 우리 문화는 일관성과 끈기를 중요한 덕목으로 생각하기에 오랫동안 한 직장에서 일을 하면 큰일을 이룬 것처럼 보는 시선이 있지요. 그렇게 일관성 있게 사는 것도 멋진 인생입니다. 하지만 꼭 그럴까요?

한 우물을 파서 좋은 성과를 거둘 수도 있지만, 그 우물에 물이 마른다면 다른 데서 우물을 팔 필요도 있지요. 자신에게 꼭 맞을 것 같았던 일을 막상 해보면 자신에게 잘 맞지 않을 수도 있고, 처음에는 시큰둥하게 시작했던 일이 자신의 천직이 될 수도 있습니다. 살아가는 것이 예측 불가능하다면 변화의 가능성에 문을 열어두면 됩니다.

직장인이든 프리랜서든 '여기가 내 자리가 아닌가 봐' '이 일은 내

일이 아닌가 봐' 하는 생각이 들 때, '아니'라는 판단이 서면 부지런히 준비해서 더 맞는 곳으로 이동해야 합니다.

　잘 맞지 않는데도 '이 정도면 괜찮지 뭐' '달리 갈 곳도 없을 텐데……'라고 미적거리는 것은 현명한 선택이 아닙니다. 직장에 머무는 시간이 길어지고 나이가 들수록 선택의 폭은 현저하게 좁아지기 때문입니다.

　미국의 GE를 이끌었던 잭 웰치 전 회장은 직원을 내보내는 일에 대한 철학을 드러낸 바 있는데, 이런 철학은 그 스스로 회사를 떠날 때도 뚜렷한 원칙을 제공했습니다.

> 어떤 사람들은 하위 10퍼센트의 사람들이 회사를 그만두게 하는 방식이 너무 잔인하고 몰인정하다고 말한다. 그러나 사실은 그렇지가 않다. 오히려 그 반대이다. 내가 생각하는 잔인하고 거짓된 친절은 바로 스스로 더욱 발전하기 위해 노력하지 않는 사람을 회사에 계속 붙잡아 두는 것이다. 진정으로 잔인한 것은 그들이 나이가 들어 직업을 선택할 수 있는 기회가 줄어들고, 자녀들이 성장하여 교육비가 엄청나게 늘어날 때까지 기다렸다가 그때서야 회사를 그만두게 하는 것이라고 생각한다. ― 잭 웰치, 『잭 웰치, 끝없는 도전과 용기』

　직장 생활을 한 해 두 해 해나갈수록 자신을 속이지 말아야 합니다. 그곳에서 최고까지 올라갈 수 있는지, 그 일을 통해 역량을 강화한 다음 다른 기회를 잡을 수 있는지, 그곳에서 배우고 익힌 것을 바

탕으로 자신의 일을 시작할 수 있는지 등에 대해 큰 그림을 그릴 수 있어야 합니다.

제가 40대로 접어드는 시점에 탄탄대로처럼 보였던 조직 생활을 청산하고 뛰쳐나온 것도 더 나은 기회를 위한 도전이었습니다. 공공재를 생산하는 연구소의 경우는 아무리 잘해도 보수가 높아질 수 없습니다. 현재는 그렇다 치고 미래에라도 높은 보수를 받을 수 있다면 좋았을 텐데, 제가 몸담고 있던 곳은 그렇지 않았습니다.

자녀들이 자라면서 돈 쓸 일이 많아질수록 더 높은 보수에 대한 관심이 높아지게 마련입니다. 다른 아버지들도 그렇지만 저 또한 어떤 희생을 무릅쓰고서라도 아이들에게 최고의 교육 기회를 제공하겠다는 일념이 강한 사람이었습니다.

게다가 누구도 늘 젊음을 유지할 수는 없습니다. 우리 속담에 '메뚜기도 한 철'이라는 말이 있지요. 인생에도 왕성하게 활동할 수 있는 시기가 있습니다. 그 한참 나이에 어디서 무엇을 하는가가 자신뿐 아니라 가족의 미래에 지대한 영향을 미칩니다.

그래서 안정성을 뒤로한 채 위험 부담을 안고 더 높은 보수를 향해 움직였습니다. 물론 그 도전은 실패로 끝나고 말았지만, 그렇다고 인생이 무너진 것은 아니었습니다. 단기적으로 고통스럽긴 하지만 격렬한 고난은 후일의 성장을 위한 토양이 되기도 하지요.

저뿐 아니라 대부분 30대와 40대에 몇 번 그런 기회가 주어지는데, 어떤 선택을 하는가에 따라 삶의 모습은 크게 달라집니다. 단, 충동적으로 움직이면 안 됩니다.

돈을 얼마 더 받기 위해 움직이면 대부분 실패하고 맙니다. 누군가의 감언이설에 넘어가도 안 됩니다. 자신의 경력과 삶이라는 관점에서 신중하게 판단해서 움직여야 합니다. 자신의 지향점과 좌표를 확인하면서 갈고 닦다 보면 기회가 찾아옵니다.

누군가 전직의 기로에 서서 고민하고 있다면 다음의 일곱 가지를 확인해 보셨으면 합니다.

첫째, 떠나야 할 이유와 남아 있어야 할 이유를 꼼꼼하게 글로 정리해 봅니다. 새로운 일터에서 만날 수 있을 어려움, 도전 과제, 치러야 할 비용을 기록합니다.

둘째, 떠나야 할 이유가 연봉에만 집중되어 있다면 전직에서 실패할 가능성은 상당히 높습니다. 새로운 일이 몰입해서 할 수 있는 일인지, 오랫동안 할 수 있는 일인지, 전망이 밝은지, 그리고 자신이 만들어가는 경력 관리의 한 과정인지 등을 반드시 점검해야 합니다.

셋째, 떠나야겠다는 생각이 들면, 속을 털어놓을 수 있는 지인들에게 조언을 구하고 그들을 확실히 설득할 수 있어야 합니다. 그들에게 솔직하고 허심탄회한 의견을 구합니다. 그러고 나서 결정을 내립니다.

넷째, 전직을 권하는 사람으로부터 좋은 이야기만을 들을 것이 아니라, 옮기고자 하는 곳에서 오랫동안 일해 온 다양한 사람들을 직접 만나서 이야기를 들어봅니다.

다섯째, 스카우트를 제의하는 사람들은 시간 제약을 자주 활용합니다. 시간이 얼마 남지 않았다며 재촉하는 것이죠. 여기에 말려들면 패배하는 지름길입니다.

여섯째, 새로운 일터에 대한 환상을 갖지 말아야 합니다. 보고 싶거나 믿고 싶은 것만을 받아들이지 말고, 욕망이나 열정이 이성적인 판단을 지나치게 가리지 않도록 해야 합니다.

일곱째, 다리를 일단 건너면 돌아올 수 없는 것이 전직의 길입니다. 건넌 다음 다리를 불태워버린다는 심정으로 신중을 기해야 합니다. 때로는 그 선택으로 이후 인생 항로의 모든 것들이 변해버릴 수도 있음을 기억해야 합니다.

무엇보다 여러분의 머릿속에 인생에 대한 전체적인 그림이 있어야 합니다. 큰 그림 속에 전직이 자리할 수 있어야 합니다. 한두 해 살고 마는 것이 아니기 때문에 전직도 자신이 그리고자 하는 그림의 한 부분이어야 합니다.

누구에게나 꼭 들어맞는 해답은 없지만, 제 경험에 따르면 젊은 나이에 위험을 감수하겠다고 판단했다면 감수할 수 있어야 합니다. 저는 그렇게 생각하고 행동해 왔기 때문에 전직이나 전업과 관련해서는 별로 후회가 없습니다.

그리고 그런 결단이 있었기 때문에 인생 후반에 다가설수록 가보지 않은 길에 대한 그리움도 훨씬 적습니다. '그때 그렇게 했어야 했는데……'라는 아쉬움이 없는 점은 지금도 다행스럽게 생각합니다.

누군가 제게 다시 30대나 40대로 돌아간다면 어떤 선택을 하겠느냐고 묻는다면, 제가 살았던 것보다 훨씬 더 격렬하게 기회를 찾고 이런저런 시도를 해보겠다고 답할 것입니다.

삶에는 격렬하게 움직여야 할 때가 있고 안정에 큰 비중을 두어야 할 때가 있습니다. 인생 초년부터 안정과 안전만을 외칠 필요는 없다고 봅니다. 그런 안정이 날로 길어지는 인생 후반전에 족쇄가 될 수도 있으니까요.

012
다리 여섯 달린 돈*

Gong's definition
돈을 좇아서는 돈을 벌 수가 없다.

▶ "저는 조직 생활을 오래 하고 싶은 생각은 없습니다. 그래서 조금 두렵기도 하지만, 제가 하기에 따라 몸값을 크게 올릴 수 있는 기회를 잡아서 직장을 옮기려 합니다."

한 젊은이가 전직을 앞두고 저에게 상담을 청해 왔습니다. 그가 옮기려는 직종은 세일즈맨들을 관리하는 일이었습니다.

직장 초년에는 미래가 잘 보이지 않아서 성급하게 전직을 생각하기 쉽습니다. 노력에 관계없이 주어지는 월급도 만족하기 어렵고 상사들의 모습에서 자신의 미래를 엿보게 되니, 이 젊은이는 단기간에 승부를 빨리 지을 수 있는 분야로 뛰어들고 싶었던 모양입니다.

저는 그 청년에게 세 가지를 물어보았습니다. 지금까지 자신의 세일즈 재능을 확인해 볼 기회가 있었는지, 그런 재능을 갖고 있다고 생각하는지, 사람을 이끄는 재능을 가지고 있다고 생각하는지.

그 젊은이는 세 가지 질문에 대해 명확하게 '그렇다'는 답을 내놓지 못했습니다. 그가 주목했던 것은 솔직히 돈뿐이었습니다. 월급에 만족할 수 없으니 빠른 시간 안에 더 많은 돈을 벌기 위해서 직업을 바꾸려는 것이었습니다.

여러분이라면 그가 돈을 많이 벌 수 있을 거라고 생각하세요? 저는 그 가능성이 아주 낮다고 생각합니다.

저는 문득 청년의 이야기에서 10여 년 전의 제 모습이 떠올랐습니다. 책은 오래도록 남아 그 사람의 실책을 증언해 주는 자료가 되기도 하니까요. 그럼에도 저의 뼈아픈 실책 한 가지를 소개합니다.

어느 날 한 사람이 저에게 "그렇게 노력한다고 해서 당신에게 무엇이 남습니까?"라고 물었습니다. 공적인 목적을 위해 경제연구소에서 그렇게 열심히 일해 봐야 모두 남 좋은 일이나 하는 것이고 저에게 남는 것이 무엇이냐는 이야기였지요.

이 질문 때문에 직장 생활에 회의를 느껴 안정적인 직장을 떠난 시점이 40대를 눈앞에 둔 때였습니다. 10년 가까이 전력을 투입해서 경력의 정점에 이르렀을 때 전직을 한 것이었죠. 그런데 냉정히 말해서 그것은 돈을 좇아서 내린 결정이었습니다.

결국 그 도발적인 질문을 한 사람에게 고용되어 월급 사장으로 전직했습니다. 앞뒤를 진지하게 생각해 보지 않고 경제적으로 좀더 자유로워질 수 있는 방법을 찾아 벤처 업계에 뛰어든 것이었죠.

당시에는 많은 사람들이 저처럼 벤처 열풍에 몸을 실었습니다. 그리고 벤처 열풍이 사라지면서 대부분 낙동강 오리알 같은 신세가 되어버렸습니다. 저 역시 그러했고요.

제가 벤처 기업으로 옮긴 후 얻은 큰 교훈은 두 가지입니다. 하나는 사람에게는 자신이 서 있어야 하는 자리가 있다는 것이고, 다른 하나는 돈을 좇아서는 돈을 벌 수 없다는 사실입니다.

돈이란 일종의 부산물입니다. 돈을 버는 데는 운도 따라주어야겠지만 자신에게 잘 맞는 분야에서 신명 나게 일하다 보면 운도 따라주어서 돈을 벌게 되는 것이죠.

흔히 돈은 다리가 여섯 개라는 우스갯소리를 하는데, 사실이 그렇습니다. 돈 자체를 좇으면 사람이 피폐해집니다. 피폐해지더라도 원하는 만큼 돈을 벌 수 있다면 좋겠지만 대부분 그렇지도 못합니다.

이것은 제가 안정적인 직장을 박차고 나와 생소한 분야에 뛰어들어 10년 이상 달려오면서 얻은 뼈아픈 깨달음입니다. 돈이 중요하긴 하지만 그 자체가 목표일 수는 없습니다.

저는 이렇게 시행착오를 겪으며 얻은 지혜를 아이들에게 들려줍니다. 아이들이 직접 겪고 나서 깨우치는 것보다 훨씬 나은 방법이지요. 자연스럽게 아이들이 돈 문제에 관해 일찍부터 자기 주관을 가질 수 있도록 배려합니다.

여러분도 돈에 대해서 나름의 생각과 관점을 잘 정리하고 살아야 합니다. 그런 것이 나이를 먹는다고 그냥 생기지는 않습니다. 다른 사람들의 생각도 들어보고 읽어보면서 스스로 결정해야 하는 것이지요.

경제적 **자립***

Gong's definition

진정으로 자유로운 존재가 되기 위해 반드시 쟁취해야 하는 것.

▶ "돈이란 것은 지불 능력이나 구매력 이상의 엄청난 심리적 힘과 의미를 갖고 있다."

어느 주말 오후에 아들과 대화를 나누던 중에 제가 한 말입니다. 젊어서부터 정신 차리고 야무지게 살아야 하는 이유에 대해 말하다 나온 이야기지요.

어떤 사람이 누군가에게 경제적으로 도움을 받을 수밖에 없다면, 두 사람 사이에는 심리적으로 '지배-피지배'와 비슷한 관계가 형성됩니다. 채무자와 채권자라는 명시적 관계를 넘어서 돈을 빌리는 사람은 상당히 심리적으로 위축되지요.

꼭 누구에게 돈을 빌리지 않더라도, 경제적으로 자신이나 가족을 지탱하지 못하는 상태가 되면 자신감을 잃고 심리적으로 상당히 위축됩니다.

살면서 두 번 실직했을 때 저도 비슷한 경험을 했습니다. 수입이 끊긴 상태에서 계속되는 지출 때문에 극도로 위축되었습니다. 그때 저는 심리적 위축을 돈이 가진 힘의 하나로 생각했습니다.

언젠가 한 작가가 고생하던 시절을 떠올리면서 털어놓은 글을 읽었습니다. 그때 그는 '통장에 100만 원만 있으면 좋겠다고 생각했다'고 합니다. 그 기분이 어떤 것인지 충분히 이해할 수 있었습니다.

누군가 제게 '그렇게 열심히 사는 이유가 뭐예요?'라고 묻는다면 저는 '자유를 얻기 위해서'라고 답할 것입니다. 자유를 얻을 수 있다면 기꺼이 고통을 지불할 수 있다는 이야기입니다.

돈은 곧 자유입니다. 학식이 높거나 인품이 훌륭해도 경제적으로 궁색하면 자신의 뜻을 굽히고 비굴해질 수밖에 없습니다. 진정한 의미에서 자유롭다는 것은 경제적 자립이 있어야 가능한 일입니다. 젊어서는 젊음 자체가 힘이지만, 나이가 들면 이를 보완해 주는 것 가운데 하나가 돈입니다.

저는 아이들에게 독립과 예속이란 주제에 대해 자주 이야기합니다. 일종의 건설적인 협박이지요. 남에게 예속되는 삶도 괜찮다면 대충 살아도 된다고 말합니다. 그것을 원치 않는다면 경제적 자유를 얻기 위해 자신이 가진 모든 것을 걸어야 한다고요.

또한 자녀들에게 아버지로서 경제적 자립에 대해 분명히 선을 긋습니다. '몇 살까지는 도움을 줄 수 있지만, 그후부터는 알아서 살아야 한다'고. 이렇게 명확하게 정리해 주는 일이 부모가 사는 길이기도 하고, 자식을 돕는 길이기도 하지요.

미국 최고의 재무설계사 스테판 폴란은 『다 쓰고 죽어라』라는 자신의 베스트셀러에서 절대로 자식들에게 많은 재산을 남겨주지 말라고 당부합니다. 그것은 자녀의 발전을 가로막는 첫 번째 장애물이라고 강조하죠.

사람이 태어나서 성장하는 과정을 '의존적인 존재에서 독립적인 존재로 자리매김 하기 위한 긴 투쟁 과정'이라고 표현할 수도 있을 겁니다. 공부를 하고, 직장을 잡고, 전문가로서 자신을 세우기 위해 노력하는 것은 인간다운 삶을 향한 길이자 경제적 독립을 쟁취하기 위한 도전의 길이기도 합니다.

이런 도전에서 모두가 소망하는 만큼 큰 성과를 거둘 수는 없습니다. 그 길이 어렵기도 하고, 예상치 못한 불운이 닥칠 수도 있기 때문입니다. 그래서 경제적 독립을 이루었어야 할 나이에도 고전을 면치 못하는 사람들에게는 애잔함과 안타까움을 느낍니다. 노력해도 잘 안 될 수 있는 것이 우리네 삶이기 때문입니다.

지금 우리나라에는 일자리를 잡지 못하고 시간을 보내는 청년기 자녀를 둔 가정이 서너 집 건너 한 집 정도입니다. 여간 심각한 문제가 아닙니다.

그렇다고 젊은이들이 '우리 세대는 희망이 없어'라는 부정적이고 단

정적인 생각을 갖지 말기 바랍니다. '우리'에 '나'를 무작정 포함하는 일은 바람직하지 않습니다. 반듯한 직장을 잡는 일이 과거보다 어려워진 것은 사실이지만 모든 것을 포기하라고 부추기는 사람들에게 휘둘릴 필요는 없지요.

좋은 직장을 잡을 수 없다면 현실적으로 가능한 일부터라도 시작해야 합니다. 어디서라도 일을 시작해야 다음 기회가 열릴 수 있기 때문입니다. 폼나지 않는 곳에서라도 일단 시작해야 합니다.

삶을 하나의 과정으로 보면 좋습니다. 지금 다른 이들보다 늦는다는 점에 너무 연연해 하지 마세요. 부족하면 그 부족함에서 출발해서 더 나은 상태로 하나하나 만들어간다는 생각을 가져야 하지요. 출발이 좀 늦었다고 생각하면 더 착실히 기회를 만들어가면 됩니다.

다른 사람들의 위안은 별로 도움이 되지 않습니다. 결국 내가 살아내야 하고, 이겨내야 하고, 문제를 해결해야 합니다.

좀더 기백을 갖고 바닥부터 올라가겠다고 생각해야 합니다. 당분간 자기 한 몸만 챙겨도 된다고 생각하면 두려워할 이유가 없습니다. 바닥 경험도 시간이 가고 나면 정말 소중한 삶의 재료가 될 수 있습니다.

현명한 소비*

Gong's definition
물건은 물건일 뿐, 직접 가져보면 아무것도 아니다. 짧고 얕은 즐거움에 오래 머무르지 말 것.

▶ 스마트폰이 나올 무렵 아이폰을 사기 위해 줄을 서는 정도는 아니었지만 그래도 이 가게 저 가게를 둘러보고 아이폰을 갖기 위해 동분서주했던 기억이 있습니다.

그런데 그렇게 어렵게 구한 휴대전화가 얼마가지 않아서 식상해지고 빠른 유행에 밀려 중고가 되어버리는 현실을 보면서 많은 생각을 했습니다. '그토록 갖고 싶었던 것이 고작 이거라니……'

좋은 물건을 갖고 싶고, 좋은 차를 몰고 싶고, 좋은 옷을 입고 싶은 것은 인지상정입니다. 사람의 자연스러운 본능이지요. 저 역시 그랬습니다. 그런데 지금은 그런 본능으로부터 많이 자유로워졌습니다.

40대 중반에 접어들면서 스스로도 놀라울 정도의 변화를 경험했지요. 그 결정적인 계기는 아이러니하게도 제가 무척 갖고 싶었던 물건

몇 가지를 손에 넣으면서입니다.

만년필이 귀하던 시절, 몽블랑 만년필은 특히 구하기 쉽지 않은 물건이었습니다. 그때 왜 그렇게 몽블랑을 갖고 싶었는지 지금도 정확히 떠오르지는 않습니다. 생각해 보면 아무래도 굉장히 인상 깊었던 광고 때문인 듯합니다.

그 광고는 만년필을 갖게 되면 '당신은 꿈을 이룬 사람'이라는 이미지를 지속적으로 심어주었으니까요. 실제 고가의 몽블랑 만년필은 성공한 임원들이나 대표들이 많이 애용하는 문구였습니다.

하지만 스마트폰의 경우처럼 '그토록 원하던 것도 직접 가져보니까 아무것도 아니구나' 하는 생각이 들었습니다. 만년필이 오늘 책상 위에 놓여 있다고 해서 제가 당장 꿈을 이룬 사람이 되는 것은 아니었으니까요.

한눈에 반하게 했던 고급스러움도 시간이 지나니 더 이상 매력적이지 않았습니다. 성취에 대한 갈망이 성공의 상징과도 같던 한 자루의 만년필에 스며든 것뿐이었습니다. 그런 생각이 다른 물건들로 자연스럽게 확장되었던 것이죠.

이런 깨달음을 통해서 '명품 같은 것들이 내가 기대하던 그런 게 아니고, 그냥 물건에 불과하구나' 하는 생각을 하게 되었습니다.

또한 저는 타인의 소비 성향에 흔들리지 않게 되었습니다. 남자들의 경우 좋은 차를 몰고 싶은 욕망이 강합니다. 그토록 갖고 싶었던 자동차를 자기 것으로 만들어서 타본 사람은 좋은 자동차에 대한 생각을 정리할 가능성이 높습니다. 물론 사람에 따라서 계속해서 더 좋은 자동차를 사는 경우도 있겠지만요.

하지만 물건도 수명이 있고, 높은 자리도 잠시 머물다 떠나고 나면 그만입니다. 이것은 제가 직접 경험하기도 했지만 타인의 경험을 바라보면서 깨우쳤습니다. 자연스럽게 세상만사의 많은 부분은 변화할 뿐 아니라 끝이 있고 때로는 덧없다고 받아들이게 되었습니다.

물론 우리가 물건을 구입하고 소비하는 이유 중에는 기쁨을 얻기 위한 부분도 있습니다. 하지만 주위를 둘러보면 우리에게 기쁨을 주는 원천은 여러 가지 있습니다. 깊고 짙은 기쁨의 원천을 갖고 있으면 물건을 소비함으로써 누리는 짧고 얕은 기쁨에 크게 눈길을 주지 않을 수 있습니다.

'내 삶은 한정되어 있고 지금 이 순간에도 흘러가고 있다. 그렇다면 어떤 기쁨을 얻는 일에 더 많은 에너지를 쏟아야 할까?'라는 질문을 자신에게 자주 던져야 합니다. 그런 생각을 자주 하다 보면 좀더 의미 있게 시간을 사용하고 좀더 가치 있게 소비할 수 있게 될 것입니다.

빚*의 두 얼굴

Gong's definition

소비성이냐, 투자성이냐. 그 미묘한 경계에서 냉철한 선택이 필요하다.

▶ "부채에 대한 태도를 바꿀 때, 진정 돈의 주인이 될 수 있다."

미국 CBS 방송국에서 〈데이브 램지 쇼〉를 진행하는 재무 전문가 데이브 램지의 조언입니다. 그는 무조건 부채를 지지 말라고 조언합니다.

빚을 졌다가 갚아본 경험이 있는 사람이라면 빚을 갚아나가는 것이 얼마나 고단한 일인지 잘 알고 있을 것입니다. 지기는 쉽지만 갚기는 힘든 것이 빚입니다.

그런데 자본주의 사회에서는 부채가 불가피한 면이 있습니다. 상대의 지출이 내 수입이 되기 때문에 누군가가 빚을 지더라도 자꾸 소비를 해주어야 경제가 돌아가지요. 절약의 미덕이 강조되긴 하지만 개인의 미덕이 사회 전체로 보면 악덕이 되기도 합니다.

그래서 자본주의 체제를 택하는 나라들은 수요를 창출하기 위해 다양한 방법을 사용합니다. 그 가운데 하나가 바로 명시적으로 혹은 묵시적으로 빚을 권하는 사회를 향해 나아가는 것입니다. 조세 제도를 비롯해서 각종 제도를 살펴보면, 빚을 내서라도 소비를 부추기는 다양한 장치들이 숨어 있습니다.

앞서 소개한 데이브 램지의 조언을 올바르게 해석하면 지나친 소비 때문에 발생하는 지출성 가계 부채를 주의하라는 이야기일 겁니다. 수입을 웃도는 지출로 부채가 늘어나는 건 심각한 문제가 될 수 있습니다. 수입에 맞춰서 지출을 조절해야 한다는 데는 누구도 반론을 제기하지 않을 것입니다.

특히 램지는 "부채가 도구라는 상식은 우리 사회 속에 넓게 퍼져 있는 거짓말이다"라고 말합니다.

하지만 저는 부채에는 좋은 부채도 있다고 생각합니다. 이 점을 쉽게 설명한 사람은 투자가이자 저술가인 로버트 기요사키입니다. 그는 투자 대상을 제대로 선정하는 것이 무엇보다 중요하지만 투자성 부채는 감내할 정도의 범위 내에서 짊어질 수 있어야 한다고 말합니다.

자산과 부채를 결정하는 것은 자산의 종류가 아니라는 점을 기억하라. 자산을 결정하는 것은 현금흐름의 방향이다. 현금이 당신의 주머니로 들어오면 자산이 되고, 반대로 현금이 빠져나가면 부채가 된다. (……) 빌린 돈으로 가치가 떨어지는 상품에 투자하면 나쁜 빚이다. 경제 상황을 개선하고 순자산 가치를 높이기 위해서는 좋은 빚을 활용하고 나쁜 빚을 피해야 한다. ─ 로버트 기요사키, 「앞으로 10년, 돈의 배반이 시작된다」

가난한 시절을 겪어온 사람들이나 가방끈이 긴 사람들, 그리고 투자 실패를 경험해 본 사람들은 대개 부채에 대해 부정적입니다. 그러나 자산 구입을 위해 부채를 지려는 적극적인 태도가 없다면 재산을 늘려가는 일은 쉽지 않습니다.

현명하게 판단해야겠지만, 30대와 40대에는 재산 증식과 관련해서 좀 적극적이어야 합니다. 자신의 소득과 자산에 미루어 어느 정도의 부채를 지고 투자하려는 적극적인 의지가 필요합니다. 기요사키 같은 전문가는 좋은 빚을 이용해서 자산을 늘리라는 조언을 아끼지 않습니다. '부채를 이용해 자산을 사들이라'는 그의 조언은 옳습니다.

단, 성장률이 낮아지는 시기라면 자산 가치가 마이너스가 되고 부채 금리가 고공 행진을 하게 될 경우 낭패를 볼 수 있습니다. 근래에 우리 경제도 저성장 국면에 본격적으로 접어들었기 때문에 신중한 접근이 필요합니다.

지출성 부채는 피해야 하지만 자산 매입을 위한 투자성 부채는 활용하기에 따라 득이 되기도 하고 실이 되기도 합니다. 양날의 칼인 셈이지요. 그럼에도 분명한 사실은 부채를 지지 않고 지나치게 보수적이면 돈을 불릴 가능성은 낮아진다는 점입니다.

최근에 오래전부터 알고 지내던 은퇴한 한 교수님으로부터 전화를 받았습니다. 착실히 직장 생활을 하셨고 정년퇴직을 한 지 3년째 되는 분인데 저에게 이런 이야기를 하시더군요.

"금리가 이렇게 낮아지니까 그냥 손을 놓고 있어서는 돈을 조금씩 까먹게 돼요. 그래서 제가 갖고 있는 지식을 이용해서 직접 채권도 사고 주식도 사는데, 평균 수익률이 4퍼센트가 되기도 쉽지 않아요. 예금 금리가 이렇게 낮아질 줄 알았더라면 젊은 날 더 열심히 투자를 했어야 했는데 말입니다."

경제학 학위를 갖고 관련 분야에서 오랫동안 일해 온 분의 은퇴 후 고충이 제게는 약간 충격이었습니다. 현직에 있는 동안의 '안전제일주의'가 전부는 아니라는 생각을 할 수 있는 기회였지요.

현직에 있는 동안에는 조금 더 공격적으로 투자를 해야 한다고 생각합니다. 하지만 유행에 휩쓸리거나 무지한 상태에서 투자에 나서면 고수들의 먹잇감이 되기 십상이므로 주의해야겠지요. 몰라서 혹은 유행에 휩쓸려서, 혹은 속아서 돈을 잃어버리지 않는 것은 모든 재테크의 제일 원칙이니까요.

016
사업*가의 자격

Gong's definition

사업의 세계에 낭만은 통하지 않는다. 스스로 사업에 맞는 체질인지부터 점검하라.

▶ "착실히 해야 합니다. 서두르지 마시고, 사람 너무 믿지 마시고요. 도처가 지뢰밭입니다. 돌다리도 두드리는 심정으로 차근차근 하셔야 해요."

사업을 시작한 지 얼마 안 된 40대 지인을 만났을 때 제가 마음을 담아서 당부한 이야기입니다.

40대 중반의 그분은 원래 국내 유수의 기업에서 간부로 승승장구하고 있었는데, 지인의 소개로 한 기업에 투자를 했다고 합니다. 그런데 거기서 연봉의 몇 배가 넘는 수익을 얻게 되자 아예 사업을 하기로 마음먹었다고 해요.

사업을 시작하는 사람이라면 밝은 면과 어두운 면을 함께 볼 수 있어야 하는데, 그분은 밝은 면만 보고 있었습니다. 높은 수익률만 눈에 들어왔던 것이죠. 실제로 그는 사업을 시작하기만 하면 엄청난 돈을 벌 수 있다고 믿었습니다.

40대라는 나이가 사업가에게 어떤 의미를 갖고 있는지 저는 잘 압니다. 40대의 사업가는 원래 사업을 해왔든 조직 생활을 하다가 사업에 뛰어들었든 간에, 무엇이든 잘할 수 있을 것 같고 빠른 시간 안에 큰돈을 만질 수 있을 거라는 확신을 갖기 쉽습니다.

반면 50대에 접어든 사업가들은 40대에 비해 좀더 겸손해집니다. 육체의 변화와 함께 자신이 모든 것을 다 잘할 수 없다는 걸 깨닫기 때문이지요.

우려했던 대로 그 40대 지인은 지나치게 빠른 속도로 사업을 확장한 반면 그에 걸맞은 관리 능력을 갖추지 못했습니다. 외형으로 보면 매출이 늘어서 사업이 제법 잘 굴러가는 것처럼 보였지만, 관리가 제대로 이루어지지 않다 보니 계속해서 손실이 쌓여갔습니다.

결국 극심한 불황이 겹치면서 파산했습니다. 사업을 크게 벌였던 만큼 손실도 엄청났습니다. 그 많던 돈은 전부 증발하고 없었습니다. 친가와 처가, 지인들의 돈을 끌어다 사업을 한 탓에 주변 사람들에게도 상당한 피해를 입히고 말았습니다.

많은 사람들이 자기 사업을 하고 싶어합니다. 그런데 사업에서 성공하는 것은 참으로 힘든 일입니다. 자신이 잘해야 하지만 운도 따라주어야 합니다.

사업을 하려는 사람들이 쉽게 놓치는 점이 모든 사업은 경기의 진폭을 크게 탄다는 사실입니다. 위의 40대 지인이 사업을 하겠다고 생각했을 때는 관련 분야의 경기가 아주 좋았습니다. 그러나 까마귀 날자 배 떨어진다는 말처럼 그가 뛰어들었을 때는 전반적인 경기가 하강 국면에 접어들 즈음이었습니다.

직장 생활을 그만두고 사업을 시작하려는 분들, 은퇴 이후에 사업가의 길로 가려는 분들과 저의 경험에서 얻은 여덟 가지 교훈을 함께 나누고 싶습니다.

첫째, 현직에 있는 동안 본인이 사업가 체질인지를 정확하게 파악해야 합니다. 세상에는 자신이 직접 하기보다 누군가에게 지시하는 일을 더 잘 수행하는 사람이 있는가 하면 자기 일에 능한 사람들이 있습니다. 사람들과 더불어 어떤 일을 도모하는 일을 좋아하는 사람도 있지만, 반대로 혼자 일하는 데 더 맞는 사람도 있습니다. 사업을 하고자 하는 분은 냉정하게 자신을 볼 수 있어야 해요.

둘째, 변화에 대한 적응력과 유연성이 있어야 합니다. 모든 사업은 변화 속도와의 경쟁입니다. 고객, 기술, 경쟁사, 세상의 변화를 따라잡을 수 있어야 합니다. 때로는 앞서서 이끌 수도 있어야 하지요. 이런 부분에 지나치게 스트레스를 받거나 느린 사람들은 사업에 적절하지 않겠지요.

셋째, 시작하려는 사업에 대해 전문성을 갖고 있어야 합니다. 어떤 사업이라도 겉으로 드러나지 않는 특성이 분명히 있습니다. 속속들이 알 수는 없어도 어느 정도는 정통해야 합니다. 전혀 모르는 것을 배워서 하려면 너무 많은 비용을 치러야 합니다.

넷째, 사업이라는 카드를 사용할 수 있는 기회는 한두 번밖에 없습니다. 사업에서 실패하면 이를 보충하는 데는 상당한 시간이 필요합니다. 재기의 기회는 적고, 늦게 사업에 뛰어든 사람일수록 재기는 더욱 어렵습니다.

다섯째, 가능하면 작게 시작해서 확장할 수 있어야 하며, 사업의 확장 속도도 자신의 능력을 벗어나지 않도록 절제할 수 있어야 합니다. 돈에 대한 욕망은 액셀러레이터와 같기 때문에, 사업할 때는 절제로 무장해야 합니다.

여섯째, 조직 생활을 벗어나면 긍정의 유산보다는 부정의 유산이 더 많을 수 있습니다. 조직은 약속과 신의가 통하는 세계죠. 주는 것과 받는 것이 계약과 규칙에 따라 움직입니다. 그러나 현실 세계에서는 약속과 신의가 무시되는 경우가 많습니다. 생각, 체질, 태도 등을 조직 환경에서 사업 환경에 맞게 바꿀 수 있어야 합니다.

일곱째, 사람을 관리하는 일에 지나친 스트레스를 느끼지 않고 이를 좋아해야 합니다. 그런 성향을 가졌다면 사업가로서 기본 조건은 만족시킨 셈입니다. 기본이 성공을 보장하는 것은 아니지만 기본 없이는 사업에 뛰어들 수 없습니다.

여덟째, 사업의 밝은 면과 어두운 면을 균형 감각을 갖고 봐야 합니다. 사업가의 진면목은 어려운 시기를 이겨내서 살아남는 것입니다.

요즘 '1인 창조 기업' 같은 용어가 유행입니다. 전문성을 바탕으로 사람을 여럿 고용하지 않고 꾸려가는 일종의 '1인 기업가' 모델입니다. 어떤 현상이 유행할 때는 빛과 그림자를 잘 구분해 봐야 합니다. 한때 귀농이 유행이었던 것도 마찬가지지요. 처음 예상했던 대로 최근에는 다시 도시로 복귀하는 사람들이 많다고 합니다.

　1인 기업처럼 조직이 뒷받침되지 않는 상태의 사업 모델은 경기 변동에 취약한 편입니다. 불가능한 것은 아니지만 탄탄한 전문성이 바탕이 되고 고객이 확보되지 않으면 수입 면에서 압박을 받을 수 있습니다. '1인 기업'에 대한 지나친 환상은 금물입니다.

　이상의 조언들을 명심하시고, 자신이 사업에 맞는 사람이라는 확신이 들면 신중하게 준비하여 과감하게 출발하시기 바랍니다.

직업인*으로서의 경쟁력

Gong's definition

나는 기업이다. 세상 변화에서 살아남는 전략가가 되어 나 스스로를 경영하라.

▶ 한 사람을 설명할 때 직업은 빠지지 않는 중요한 요소입니다. 직업이 한 사람의 정체성의 많은 부분을 차지하는 만큼, 자신에게 알맞은 직업을 갖고, 직업인으로서 경쟁력을 유지하고 발전시키는 것은 중요합니다. 직업이 흔들리면 그 사람 자체가 흔들리기 때문입니다.

최근 고용 계약 기간이 점점 짧아지고 있습니다. 그런 만큼 이제는 조직에 있는 순간에도 스스로 전문성과 경험, 이력서를 갖고 일을 찾아 이동하는 1인 기업으로 자신을 정의해야 합니다.

직장에서 업무를 수행할 때도 전문성, 경험, 이력서라는 세 단어를 늘 생각하기 바랍니다. 그러면 회사 업무를 단지 회사 일이 아니라 내 사업을 하듯 할 수 있습니다.

아직은 그런 생각을 뼛속 깊이 받아들이는 사람들이 적은 편입니다. 저는 10년 넘게 일반인을 위한 '공병호의 자기경영 아카데미'를 운영해 오면서 많은 직장인들을 만났습니다. 그들에게 직업인으로서 무엇을 경쟁력으로 내세울 수 있는지를 정리하라고 하면 확실하게 답할 수 있는 사람이 많지 않습니다.

저는 첫 직장 생활을 시작하고 3년 정도 지난 1990년대 초반부터 직장과 저 사이에 관계를 확고히 정립했습니다. 계약 관계 그 이상도 이하도 아니라고요. 언제든지 회사는 나를 내보낼 수 있고 나 역시 회사와 이별할 수 있다는 생각을 분명히 갖고 직장 생활을 했습니다. 회사의 호의를 기대하기보다는 회사가 아쉬워하는 사람으로 저 자신을 만들어야 한다고 생각했죠.

그러니 필사적으로 자신의 역량을 계발하기 위해 노력할 수밖에 없었습니다. 또한 회사에서 맡은 어떤 프로젝트라도 허술히 대하지 않았습니다.

얼마 전에 첫 직장을 잡고 출근하는 아들에게 이런 이야기를 해주었습니다. "깊이깊이 파고들어야 경쟁력이 생기고, 현직에 있으면서 무엇을 자신의 경쟁력으로 삼을지 끊임없이 찾아야 한다."

자신의 경쟁력에 관한 한 조직이 도움을 줄 수 있는 것은 무척 제한적입니다. 스스로 경쟁력을 키워야 합니다. 경쟁력이 흔들리기 시작하면 삶 전체가 흔들립니다. 직업인에게 경쟁력은 힘차게 살아가게 만드는 에너지이자 기초입니다.

직업인으로서 경쟁력을 키우는 데는 30대와 40대가 특히 중요합니다. 30대는 직업인으로서 자신의 분야를 찾고 필요한 모든 지적 역량을

최고도로 계발하는 시기입니다. 이를 토대로 40대에는 다양한 활동으로 자신의 분야에서 인지도를 만들고 그에 걸맞은 성과를 만들어 내야 합니다.

모든 직업인은 자신을 상대로 혹은 세상을 상대로 주력 상품이나 아이템에 대해 투자하는 기업가라고 볼 수 있습니다. 모든 투자는 올바른 투자였는지 잘못된 투자였는지에 따라 훗날 상벌이 주어집니다.

어느 분야를 파고들어갈지, 그리고 얼마만큼의 시간과 에너지를 투자할지 등과 관련하여 의사 결정을 내려야 한다는 사실을 생각하면, 사업을 하든 직장 생활을 하든 '전략가'가 되어야 합니다.

직업 세계에서 전략가로서의 성공 조건은 무엇일까요? 직업을 선택하고 경력을 관리하는 여정에 있는 분들에게 저는 다음과 같이 '직업의 선택과 계발을 위한 7가지 제언'을 하고 싶습니다.

첫째, 현재 하고 있는 일을 종과 횡으로 확장하여 어떤 분야에서 전문가(스페셜리스트)가 되어야 할지를 찾아내야 합니다. '나는 이 분야에서 전문가로 성장하겠다'는 것이 한 개인이 인생에서 내릴 수 있는 가장 중요한 전략적 의사 결정 가운데 하나입니다.

둘째, 스페셜리스트는 구체적인 가치를 타인에게 제공할 수 있어야 하고 이를 세밀하게 아이템화할 수 있어야 합니다. 가능한 한 구체적이고 실용적이고 대체 가능성이 낮은 게 좋습니다. 예를 들어, 영업자라면 A라는 상품을 팔 수 있는 능력, 관련 업계에 대한 정보와 지식, 인맥, A라는 상품 외의 다른 상품 판매 가능성 등과 같이 구체적으로 자신의 가치 창출 능력을 이야기할 수 있어야 합니다.

셋째, 스페셜리스트는 그런 가치를 만들어낼 수 있는 기술이나 방법, 도구 등을 만들고 이를 계속해서 업그레이드시킬 수 있어야 합니다. 예를 들어, "저는 다른 사람들의 영업법을 읽거나 듣거나 물어서 제 방법과 비교하고 계속해서 저의 방법을 향상시키고 있습니다" 등과 같이 답할 수 있어야 합니다.

넷째, 어떤 분야를 선택할 때는 현재뿐 아니라 미래까지 의사 결정 과정에 포함시켜야 합니다. 달리 말하면, 통찰력에 바탕을 두고 투자 결정을 해야 합니다. 자신의 분야와 관련해서 현재의 상황은 물론이고 5년 후, 10년 후의 상황 변화나 미래에 영향을 미칠 수 있는 변수들을 파악하고 있어야 합니다.

다섯째, 현장에서 충분한 경험 지식을 쌓고 이를 체계화하는 이론 지식을 더함으로써 가치 창출 능력을 업그레이드할 수 있어야 합니다. 가능한 한 많은 도전과 실험, 경험을 해봄으로써 실전에 강한 전문가가 되어야 합니다. 무조건 자신이 하는 일을 자신의 경쟁력 향상으로 연결시킬 수 있어야 합니다.

여섯째, 타인과 확실한 차별화를 위해 지속적으로 학습하고, 기업과 마찬가지로 자신의 주력 상품을 심화해야 할 뿐 아니라 확산시킬 수 있어야 합니다. 기업이 사업 영역을 확장하는 것과 마찬가지로 특정 능력에 대한 지나친 의존도를 낮출 수 있어야 합니다. 기업과 마찬가지로 개인도 위험 관리는 절대적으로 필요합니다.

끝으로, 시대 변화를 예의 주시함으로써 기업과 마찬가지로 변화와 혁신을 계속해서 시도할 수 있어야 합니다. 자기 혁신이 일상이어야 합니다. 늘 변신에 변신을 거듭하는 사람이 되어야 합니다.

열심히 준비해 왔더라도 자신이 어찌할 수 없는 상황이나 환경 변화에 따라 전문성의 위기를 맞을 수도 있습니다. 통제할 수 없는 영역에서 일어나는 변화를 우리가 어떻게 해볼 수 있는 가능성은 낮습니다.

세상의 변화를 예의 주시하고, 스스로 갈고닦으면서 준비, 또 준비할 수밖에 없습니다. 요동치는 변화의 격랑 속에 휩싸일수록 직업인으로서 살아가는 삶은 늘 아슬아슬할 수밖에 없으니까요.

친구 간의 **돈 거래***

Gong's definition

사람도 잃고, 돈도 잃는 가장 빠른 방법. 두 번 다시 보고 싶지 않은 친구라면 돈을 빌려줘라.

▶ A는 저의 고향 친구입니다. 함께 유소년기를 보냈기에 정이 깊은 친구죠. 사람 사는 일이 계획대로 되는 경우가 드물지만, 대학을 졸업한 후 A의 삶은 하는 일마다 실패의 연속이었습니다.

그 와중에 대부분의 친구들과도 안 좋게 멀어지고 말았지요. 그래도 A는 성정이 반듯한 친구이기 때문에 저는 힘닿는 데까지 돈을 빌려주기도 하고 조금씩 도움을 주기도 했습니다.

그런데 A는 갈수록 아쉬운 소리를 하고 도움 받는 것을 당연하게 여기기 시작했습니다. 저는 힘이 닿는 범위에서 돕는다고 돕는데, A는 제가 더 많은 도움을 줄 수 있는데도 성의를 보이지 않는다고 섭섭하게 생각했습니다. 그렇게 서로의 기대가 차츰 어긋났습니다. 결국 저는 계속 이럴 수는 없겠구나 하고 마음의 결단을 내려야 했습니다.

그 일을 계기로 친구 사이의 돈 거래에 대해 깊이 생각해 보았습니다. 금전적인 도움이라는 것이 단순히 도움을 주고받는 것에 그치는 것이 아니었습니다. 특히 친한 사람들 사이에 금전 거래가 일어나면 그 관계는 표면적으로는 변함이 없는 것처럼 보이지만 질적으로는 큰 변화를 겪게 됩니다.

도움을 주는 사람의 마음은 선의에서 나온 것이고, 도움을 주는 전후에 별 변화가 없습니다. 그러나 돈을 빌리는 사람은 약간의 불편함, 열등감, 수치심, 죄책감 등이 묘하게 섞인 감정을 느끼게 됩니다.

채무-채권 관계가 사람들을 어떻게 변화시키는지를 재무 전문가 데이브 램지는 실감나게 묘사하고 있습니다.

각별했던 사람에게 돈을 빌려주면 그들 간의 친밀한 관계는 순식간에 돌변하게 된다. 더 이상 친구 사이, 부모와 자식 사이, 삼촌과 조카 사이가 아니라 '주인과 종'의 사이가 돼버리는 것이다. 지나친 과장이라고 생각하겠지만, 일단 친척 간에 돈 거래를 한 후 함께한 저녁 식사는 그전의 식사와는 다를 것이다. 상전과 함께 하는 식사는 가족과 함께하는 식사와 다를 수밖에 없기 때문이다. — 데이브 램지, 「부자가 되는 비결」

노력하면 이렇게 망가진 관계를 치유할 수 있다고 생각할 수도 있습니다. 그러나 저의 생각은 다릅니다. 친한 사람 사이의 돈 거래는 정도의 차이는 있을지라도 사람 사이의 관계를 변질시킵니다. 그래서 미국 속담에 '처남에게 100달러를 빌려주면 두 번 다시 그를 볼 일이 없다'는 말이 있지요.

곤경에 처한 친구나 가족이 있다면 한 번이나 두 번 정도 결정적인 시기에 표가 날 정도로 도움의 손길을 내밀 수는 있겠죠. 하지만 상대방이 계속해서 뭔가를 받을 수 있으리라는 기대감을 갖지 않도록 해야 합니다.

누군가를 경제적으로 돕는 일이 특히 힘든 것은 상대방 스스로 일어서려는 의지나 능력이 없다면 밑 빠진 독에 물 붓기가 되어버리기 때문입니다. 그리고 무시할 수 없는 일은 심리적 의존도가 심해지는 것입니다. 그런 심리적 의존은 나중에 섭섭함과 원망으로 변질 가능성이 높습니다.

과거에 얼마나 자주 큰 액수를 주었는지는 중요하지 않습니다. 그것은 쉽게 잊혀지고 지금 도움을 주지 않는 일이 상대방의 의식을 지배해 버리기 때문입니다. 그래서 가까운 사람 사이의 금전 거래는 결국 돈도 잃고 사람도 잃어버릴 수 있습니다.

상습적으로 돈을 빌려달라는 게 아니라 한두 번 정도 돈을 필요로 하는 친구를 만날 수 있습니다. 그럴 때는 어떻게 하는 게 좋을까요?

친구가 급하게 돈을 구할 때는 여러분의 형편을 고려해서 최악의 경우에 못 받아도 괜찮을 수준까지 도움을 주면 됩니다. 그 이상은 피해야 합니다. 100을 요청하면 30~50 정도면 상대의 체면을 세워줄 수 있습니다. 이렇게 하는 것이 서로 체면을 세워주면서도 여러분이 곤란한 상황에 빠지지 않는 길입니다.

친구 사이에 어떻게 돈을 돌려받지 못할 경우를 미리 생각하느냐고 묻고 싶을지 모릅니다. 대개 친구를 비롯한 지인들 사이의 금전 거래는 친구가 돈을 갚지 않으려는 악한 의도 때문에 갚지 못하는 일은 거의 없습니다. 본인도 갚고 싶지만 정해진 날짜에 갚을 수 없는 일들이 자꾸 일어나기 때문입니다.

어머니께서 해주셨던 말씀 중에 아직도 귀에 선한 이야기가 있습니다. "사람이 어디 문제인가. 돈이, 그 놈의 돈이 문제지……."

어쩔 수 없는 형편 때문에 돈을 갚을 수 없었던 지인의 딱한 사정을 에둘러 표현하신 말씀입니다. 사람에게 비난의 화살을 날리는 것이 아니라 돈을 갚을 수 없는 딱한 사정이나 형편, 그리고 환경을 원망하는 이야기지요.

019

내 집* 마련

Gong's definition

<u>재테크의 수단이 아닌 나와 가족이 편히 쉴 수 있는 베이스캠프.</u>

▶ 불과 몇 년 전까지만 해도 '집' 하면 돈을 불리는 수단이라는 생각이 강했습니다. 그러나 이제 부동산을 통해 수익을 누리는 시대는 지났습니다. 앞으로는 그런 시대가 돌아오지 않을 거라는 것이 전문가들의 전망이고, 저의 판단도 다르지 않습니다.

시장 상황과 별개로 저는 재테크의 수단은 아니더라도 자기 집은 갖는 게 좋다고 생각합니다. 자기 집을 갖고 있으면 심리적 안정감을 느끼고 이사에 대한 부담감을 덜 수 있습니다. 아울러 월세나 전세 비용 폭등으로부터 보호받을 수 있습니다.

몇 년마다 이사를 해야 하는 건 만만치 않은 과제입니다. 심리적 비용까지 포함하면 거래 비용이 너무 높은 선택이지요.

하지만 집을 장만하다 보면 대개 빚을 지게 되는데, 저는 돈을 효과적으로 모은다는 점에서 나쁘지 않은 일이라고 생각합니다. 돈을 다 모아서 집을 장만하는 게 아니라 부채를 지고 집을 장만하면 묵직한 부담감을 갖게 되지요. 하지만 더 열심히 살게 됩니다. 자식을 낳으면 남자들이 더 성실해지는 것처럼 집 장만을 위해 적당한 부채를 진 사람들이 더 착실해지게 되지요.

저도 결혼 후에 직접 집을 마련했습니다. 아버지는 자식들이 대학을 졸업하고 나면 각자 알아서 살아가야 한다는 생각이 강하셨지요. 그래서 결혼을 앞두고 아내와 함께 서울과 근교의 싼 집을 보러 다녔고, 서울의 한적한 곳에 전셋집을 구해서 신혼생활을 시작했습니다.

공부만 해온 신랑이 미덥지 않았던지, 아내는 신혼 초부터 어떻게든 집을 장만하려고 이리 뛰고 저리 뛰었습니다. 처음에는 제가 일정한 수입이 없었기 때문에 애를 먹었습니다.

다섯 번 정도 전셋집을 옮겨 다니다가 내 집을 장만하게 된 것은 결혼하고 나서 6년째가 되던 해였습니다. 당시는 재개발 붐이 한참 불던 시기였지요. 그 붐을 잘 이용해서 집을 장만한 데는 아내의 공이 컸습니다.

첫 번째 집을 가졌던 감동은 무척 컸습니다. 새 집에 입주하기 전에 계약금과 중도금 등을 납입하고 나니 수중에 돈이 없었습니다. 그래서 3인 가족이 오피스텔같이 협소한 집에서 월세로 살았습니다. 그 좁은 집에서 큰아이와 함께 부대끼면서 한여름을 넘겼던 기억이 아직도 생생합니다.

제가 지금 살고 있는 집은 1994년에 이사를 왔으니까 20년 가까이 살고 있는 셈입니다. 이렇게 하나하나 쌓아오려면 고달픔도 있지만 내 힘으로 만들어왔다는 자부심이 있지요. 살면서 그런 자부심은 중요한 자산이라 생각합니다.

요즘 형편이 괜찮은 부모들은 자녀가 결혼할 때 집을 사준다고 합니다. 일단 그 자녀는 편하고 좋기는 하겠지만, 직접 집을 장만하는 과정에서 느끼는 애환과 자부심을 경험할 수는 없겠지요.

지방에서 도매상으로 상당한 부를 축적한 분과 대화를 나누던 중에 이런 이야기를 들은 적이 있습니다. "아이들에게 집을 사줄 형편은 됩니다. 하지만 그렇게 해주면 당장은 좋을지 몰라도 아이들이 직접 만들어가는 재미와 부담을 부모가 빼앗아버리는 것이지요. 그래서 저는 전세 비용을 지원해 주는 선에서 그쳤습니다."

과연 우리나라에서 대학 졸업 후 착실히 살아온 50대나 60대 가운데 자녀에게 집을 사주거나 집을 마련할 돈의 대부분을 부담해 줄 수 있는 부모가 얼마나 될지 궁금합니다. 긴 노후를 생각하면 계산이 나오지 않는데도 불구하고 무리하게 지원하는 부모들도 있습니다. 저는 이에 대해서는 반대입니다.

저도 50대가 되면서 다시 집 문제를 생각합니다. 아이들이 집을 떠나 살게 되면 중대형 아파트는 큰 부담이 될 것입니다. 그나마 저는 방 두 개를 사무 공간으로 활용하고 있기 때문에 나은 편입니다. '1인 기업가' 생활을 시작한 2000년 하반기부터 집을 집필실로 삼아왔기 때문입니다.

하지만 중대형 아파트는 앞으로 관리비 부담 등을 고려하면 은퇴를 전후한 사람들에겐 큰 부담이 될 수밖에 없습니다. 은퇴 이후에 관리비를 부담하는 것은 가계 지출 가운데 고정비로 제법 큰 비중을 차지할 것입니다.

근래에 극심한 불황인 주택 시장을 보면, 인구 구성에서 노인 인구가 차지하는 비중이 늘어날수록 새로운 주택 수요가 발생하기는 쉽지 않겠구나 하는 생각이 듭니다. 고령화 추세, 가족의 인구 구성, 주택 수요와 공급, 사람들의 의식 변화 등을 고려하면 주택 붐이 다시 일어날 가능성은 아주 낮습니다.

가능한 한 주거비 부담을 낮춰야 합니다. 가족이 편하게 몸을 쉴 수 있는 자기 집을 갖는 것은 필요하지만 주택에 그 이상의 기대를 갖지는 말아야 합니다.

공짜*에 대한 불변의 원칙

Gong's definition
'공짜 점심은 없다.' 뜻밖에 얻은 행운은 뜻밖의 비용을 부른다.

▶ 공짜 싫어하는 사람 없다고들 하죠. 저는 사람에게 기대어 공짜를 바라다가 민망한 경험을 한 기억은 별로 떠오르지 않습니다.

그러나 이런저런 투자를 하면서 상대방의 전문성이나 선의를 지나치게 신뢰했다가 손해를 본 경우는 있습니다. 넓게 보면 스스로 발품을 충분히 팔지 않고 상대방의 전문성이나 선의를 그냥 믿어버리는 것도 일종의 공짜 심리입니다. 노력하지 않고 편안하게 공짜로 얻으려 한 것이지요. 그런 투자의 경우는 거의 실패했습니다.

공짜를 바라는 태도는 투자에서든 일에서든 인생에서든 반드시 비용을 지불하게 합니다. 눈을 감아버린다고 해서 해결해야 할 과제들이 사라져버리는 것은 아니기 때문이지요.

그런데 사람은 생각과 행동 사이에 늘 간격이 생깁니다. 했어야 하는데 하지 못한 일들이 있습니다. 그런 일은 대부분 훗날 몇 배의 비용을 지불하게 되지요.

그러니 현명하게 살아가길 원한다면, 지금 이 나이에 내가 꼭 해야 할 일이 무엇인지 명확하게 정리하고 그것에 맞춰서 비용을 기꺼이 지불하려는 의지와 행동을 보여야겠지요.

또한 자신이 걸어온 길뿐만 아니라 걸어가게 될 길을 10년 터울로 생각해 보세요. 그러면 10년마다 어떤 과제가 주어지는지, 그리고 그 과제를 해결하기 위해 무엇을 어떻게 해야 하는지에 대해 답을 얻을 수 있습니다.

비용을 지불하는 것은 단기적인 고통이나 불편함과 동의어가 될 수 있습니다. 나중으로 미루고 싶은 일들이지요. 그래서 미적거리다 보면 해결해야 할 과제들이 해결되지 못한 채 다음으로 넘어가면서 삶이 자꾸 꼬여가게 됩니다.

현명한 삶은 '공짜 점심은 없다'는 원칙을 분명히 하고 사는 것입니다. 20대라면 학교를 떠나 사회생활로 뛰어들어야 하고, 30대라면 어떤 분야에서 활동해야 할지를 찾아내고 이를 위해 필요한 준비를 해야 합니다.

40대라면 왕성한 활동으로 활동 무대를 넓히고 성과로 자신의 능력을 입증할 수 있어야 합니다. 50대라면 건강관리에 신경을 쓰면서 이모작 인생에 대비해야 합니다.

경제생활에서도 공짜를 바라지 않는 원칙은 필요합니다. 특히 돈을 불려 나가는 방법으로 투자를 선택할 때 지나치게 큰 기대 수익에 솔

깃하고 넘어가지 않도록 주의해야 합니다.

　세상에는 별의별 사람들이 다 있지요. 자신의 이익을 위해서는 무슨 일이든 다 하려는 악의를 갖고 주변 사람들을 괴롭히는 사람들이 많습니다. 이들은 눈이 번쩍할 정도의 고수익을 미끼로 투자를 권유하여 사람들이 피땀 흘려 축적해 온 돈을 빼앗아 가죠.

　악의를 가진 사람이 비난을 받아야 하고 나쁜 사람인 것은 분명합니다. 그런데 당한 사람에게는 문제가 없을까요? 흔히 공짜를 바라는 마음에서 그런 미끼에 걸려드는 경우가 적지 않기 때문에 그들 역시 책임을 피할 수는 없습니다.

　또한 공짜를 바라는 마음은 인간관계를 해치기도 합니다. 사람은 관계 속에서 살아갑니다. 직장 생활이나 사회생활을 하다 보면 든든한 후견인이 되어주거나 도움을 줄 수 있는 사람들과도 친분을 쌓게 됩니다. 좋은 인간관계를 맺어가는 일은 살아가는 즐거움과 유익함이라는 두 가지 측면에서 필요한 일입니다.

　모든 관계에는 적절한 균형이 필요한데, 이따금 균형이 깨져버리는 일이 생깁니다. 상대방에게 지나치게 의존하여 상대방으로부터 은근히 공짜를 바라게 되는 것이지요.

　불변의 관계란 있을 수 없습니다. 작은 오해 때문에 수십 년을 이어온 관계가 한순간에 부서질 수 있습니다. 어떤 사람에게 어떤 이유로든 지나치게 의존하고 무엇인가를 공짜로 기대하는 일은 바람직하지 않습니다.

　'비용을 기꺼이 지불하겠다' '내 생전에 공짜는 없다'라는 원칙만

세우고 살면 세상사의 어려움 가운데 많은 부분을 사전에 예방할 수 있을 것입니다.

속임수에 넘어가서 재산을 잃는 일을 막을 수 있고, 어떻게 잘되겠지 하는 생각에 어영부영 시간을 흘려 보내고 준비하지 못한 채 어려움을 겪는 것을 막을 수 있는 지름길이기도 합니다.

흔들림 없는 **노후 준비***

Gong's definition
<u>노년이란 말이 '남의 이야기'로 들릴 때부터 미리 시작해야 하는 것.</u>

▶ 문득 노년이라는 단어가 자신과 관계없는 중립적 단어가 아니라 특별한 단어로 다가오는 순간이 있습니다. 시점은 다르겠지만 어느 순간부터 모든 사람에게 노년은 특별한 단어로 다가옵니다.

제가 40대일 때까지 노년은 중립적인 단어였습니다. 신문 기사를 읽거나 노년의 삶에 대한 책을 읽을 때면 '앞으로 우리 사회는 노년 문제가 큰 사회적 이슈가 되겠구나' 하고 생각하는 정도였죠.

이 단어가 저에게 피부로 와 닿은 것은 50대 초반을 통과하며 시력이 떨어지는 것을 겪으면서부터입니다. '아, 이런 게 늙어가는 거구나' 라는 생각에 정신이 번쩍 들더군요.

노년이 남 이야기로 느껴질 때부터 노후 준비를 해야 합니다. 대부분의 사람들은 30대와 40대에 가장 활발하게 경제 활동을 합니다.

따라서 그때부터 노후 준비를 시작하는 게 현명하겠지요.

하지만 현실적으로 30, 40대에는 자기 자신의 계발이나 자녀들에게 돈을 많이 투자하게 됩니다. 명문대를 보내기 위해 상당한 사교육비를 투입하는 사람들이 흔하지요. 중고등학교 때부터 해외 유학을 보내는 사람들도 많습니다. 중고교생 자녀들에게 쓰는 사교육비는 사실 미래의 대학 등록금을 가져다 쓰는 것이지요. 그래서 노년에 대해서는 별다른 준비를 하지 못합니다.

저는 큰아이와 대화를 나누다가 이런 이야기를 한 적이 있습니다. "집에서 한 아이에게 쓸 수 있는 자원은 한정되어 있다. 아주 여유 있는 형편이 아니라면 고등학교나 대학교를 해외로 유학 보내는 것은 그다지 효율적인 자원 배분은 아니라고 생각한다. 차라리 고등학교나 학부를 한국에서 잘 마무리한 다음 영어만 제대로 되어 있다면 전문 대학원을 미국 같은 선진국으로 가는 것이 더 현명하다고 생각한다."

그런데 요즘은 50대 중반에 은퇴를 하는 경우가 많지요. 이는 자녀가 한참 대학을 다니거나 전문 대학원 교육을 필요로 할 때 부모의 수입이 끊기거나 낮아지는 것을 의미합니다. 정작 필요할 때 돈이 없는 결과가 일어나게 되는 것이죠.

미리 그 길을 걸어온 사람으로서 30대와 40대 분들에게 드리고 싶은 말씀은 노후 준비의 핵심은 '경제적인 능력을 확보하는 일'이란 점입니다. 경제적인 능력이 삶의 전부는 아니지만, 이것이 흔들리면 다른 준비들도 크게 힘을 발휘하지 못합니다.

노년을 준비하는 저의 방법을 참고로 말씀드리겠습니다. 저는 인생을 50년 더하기 50년으로 생각하기 시작했습니다. 그러니까 50세가 넘어서면 나머지만 나이로 잡는 것입니다. 제가 지금 53세이니까 '나는 직업인으로서 3년차다'라고 생각하는 것이죠. 이것은 현역으로 활동하는 시기를 70대까지 연장해서 생각하기 시작했다는 의미입니다.

50세 이후를 완전히 새롭게 접근하기 시작하면 삶이나 일을 바라보는 시각이 달라집니다. 나이 든 분들을 만나서 대화를 나누다 보면 가장 자주 듣는 이야기가 이런 내용입니다.

"이렇게 오래 살 줄 알았다면 조직을 떠날 때부터 최소 30년은 내다보고 할 수 있는 일을 배워서 시작할걸."

여러분은 조직을 떠나고 난 다음에도 30년 정도 현역으로 활동한다고 생각하시기 바랍니다. 물론 매일매일의 활동 시간은 크게 줄어들 것입니다. 그래도 가능한 한 오래 일할 수 있는 분야와 방법을 찾아야 합니다. 나라가 해줄 수 있는 것은 거의 없을 것입니다. 지금 재정 상태를 보면 적자를 면할 수 없을 것이기 때문입니다.

저의 모토는 '영원한 현역으로 살자!'입니다. 이런 모토를 받아들이면 자연스럽게 자신에게 묻게 됩니다. '영원한 현역이 되려면 지금 무엇을 배워야 하는가?' 시간을 갖고 차근차근 준비할 수 있어야 합니다.

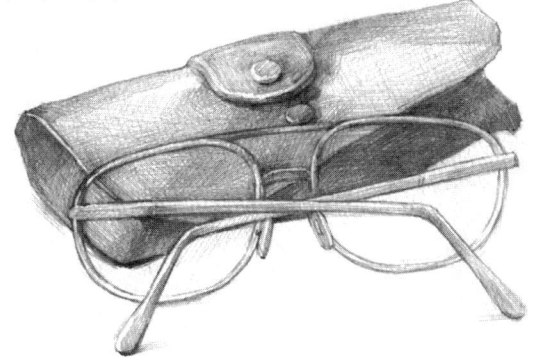

또한 한정된 자원을 사용하는 데 있어서 전략적인 접근이 필요합니다. 앞서 말한 것처럼 자녀 교육비에 지나치게 투자하는 것은 바람직하지 않습니다. 자원을 아이들에게 언제 얼마만큼 배분할 것인가를 잘 판단해야 합니다. 혼자서 생각해 볼 수도 있지만, 전문가들의 도움을 받을 수도 있습니다.

또 하나의 노후 준비는 상당한 교육비를 투자한 아이들이 스스로 자리를 잘 잡도록 하는 것입니다. 저는 큰아이가 취업하는 과정을 지켜보며 괜찮은 첫 직장을 잡는 일이 정말 어렵다는 사실을 실감했습니다.

자녀가 고교생 정도 되면 집안의 경제적 형편에 대해 이야기를 나누어야 합니다. 그리고 전공이나 학교를 선택할 때 자기 앞가림을 확실하게 할 수 있는 선택을 해야 합니다.

부모는 아이들 각자가 자신의 역할을 잘해주어야 한다는 사실에 대해 자녀들과 수시로 대화를 나누어야 합니다. 자녀에게 부모가 늘 도와줄 거라는 기대감을 심어주면 노후 준비의 큰 축에서 실패를 하는 겁니다.

다행스러운 점은 저보다는 현명한 분들이 많아지고 있다는 사실입니다. 보건복지부가 지난해 실시한 '저출산·고령화 국민인식조사'에 따르면 노후 준비의 시작은 '30대부터'라는 응답이 전체의 40퍼센트를 넘었다고 합니다. 힘이 있을 때 힘을 모아두어야지, 힘이 다 떨어진 다음에 찾으려고 하면 안 되겠지요.

앞으로 우리나라가 당면하게 될 가장 큰 문제 가운데 하나가 노년

빈곤 문제일 것입니다. 나라가 도와야겠지만 나라가 도울 수 있는 여력이 그다지 크지 않습니다. 따라서 이 문제는 개인과 사회에 큰 부담을 지우게 될 것입니다. 그래서 개인 차원에서부터 이 문제를 심각하게 생각하고 준비해야 합니다.

22 사람 만드는 습관

23 건강 관리

24 작심삼일 예방법

25 정확한 의사소통의 조건

26 외모에 변화 주기

27 디지털 시대의 독서

28 꾸준하게 고전 읽기

29 나를 바꾸는 글쓰기

30 그래도 종이 신문

31 일정한 '연습량' 쌓기

32 '동사적 사고'

33 건강한 자극

34 잘 쉰다는 것

35 부지런히 여행하기

3장
습관 사전
인생은 건너뛰는 법이 없다

사람 만드는 **습관***

Gong's definition

"동기가 시동을 걸어준다면 습관은 계속 전진하게 해준다."

▶ 저는 걱정이 많은 편이었습니다. 조바심도 심한 편이었고요. 저와는 그런 면에서 무척 다른 아내는 제가 노심초사하는 상황에서도 늘 이렇게 반응했습니다.

"별일 없이 다 잘될 거예요. 걱정 마세요."

그러한 성격을 치유하고 아내 같은 모습을 갖고 싶어서 오랫동안 노력했습니다. 비용도 꽤 지불했지요.

그 덕분에 이제는 많은 것을 내려놓을 수 있게 되었습니다. 제가 통제할 수 없는 영역은 길게 보고 편안하게 바라보게 되었지요. 아무리 마음에 들지 않는 것을 보아도 '그럴 수도 있지' 하는 식으로 매사를 바라보게 되었습니다. 습관적으로 생각을 달리 하게 된 것입니다.

이처럼 습관의 힘은 큽니다. 행동이나 생각을 바꾸려면 그것을 가능하게 하는 습관을 만들면 됩니다. 습관이 되면 그 행동이나 생각은 노력할 필요도 없이 저절로 하게 되니까요. 그래서 『죄와 벌』의 작가 도스토예프스키는 "습관은 인간이 무슨 일이든 할 수 있게 해준다"라는 말을 남기기도 했지요.

  과학자들의 실험 결과, 한 가지 습관이 만들어지는 데 걸리는 시간은 68일 정도라고 합니다. 어떤 행동을 두 달 남짓 꾸준히 하면 습관이 된다는 뜻이죠.

  잠자리에 드는 시간과 일어나는 시간을 앞당기고 싶다면 두 달 정도만 원하는 시간에 자고 원하는 시간에 일어나보세요. 그러면 언제부터인가 애쓰지 않아도 우리 몸이 그 시간을 기억하여 자연스럽게 자고 깰 것입니다.

  매일 퇴근 시간에 한두 정거장 먼저 내려서 30분씩 걷는 습관을 들이고 싶다면, 역시 두 달 정도만 꾸준히 해보세요. 그러면 힘들다거나 귀찮다는 느낌이 들기보다는, 걷지 않으면 허전해질 것입니다.

  무엇보다 살면서 나아짐을 향한 욕심이 있어야 합니다. 일에서든 관계에서든 배움에서든 모든 면에서 좋은 결실을 낳을 수 있는 습관을 보면 자신의 것으로 만들어버려야 해요. 의도적인 반복을 통해서요. 단, 바람직한 행동만이 아니라 좋지 않은 행동도 일단 습관이 되고 나면 자동적으로 하게 되므로 조심해야겠지요.

  행동뿐만 아니라 생각의 습관을 잘 들이는 노력도 중요합니다. 긍정적인 생각, 건강한 생각을 가지려면 하루를 마감할 때 오늘도 무사히 하루를 보낼 수 있었던 데 감사하는 것도 좋은 방법입니다.

후회스러운 일을 하고 난 뒤 자꾸 그 생각이 떠오르려고 할 때면 지나간 일은 생각하지 말자고 주문을 겁니다. 그런 식으로 반복해서 생각하다 보면 언제부턴가 후회되는 일이 있어도 금방 지워버릴 수 있습니다.

좋은 행동과 생각 습관은 행복하고 성공적인 삶을 살 수 있게 해주는 효과적인 방법입니다. 철학자 짐 론은 이렇게 말했습니다. "동기가 시동을 걸어준다면, 습관은 계속 전진하게 해준다."

책을 통해서, 혹은 다른 사람의 삶에서 자극을 받아 더 나은 사람이 되겠다는 동기를 가지세요. 그리고 그 동기를 현실로 만들어줄 수 있을 구체적인 행동이나 생각을 습관으로 만드는 겁니다. 그러면 우리가 원하는 삶이 그리 먼 얘기만은 아닐 겁니다.

건강* 관리

Gong's definition

있을 때 지켜라. 아무리 해도 아깝지 않은 나를 위한 가장 첫 번째 투자.

▶ 청년기부터 저는 제 몸이 무쇠라도 되듯 지나치게 긴장한 채 일하는 스타일이었습니다. 그렇게까지 하지 않았어도 되는데 말이죠. 몸을 생각해서 생활 방식이나 업무 방식을 바꾸어야 했지만 '나는 문제없어'라고 단정하고 그런 생활을 계속했습니다.

결국 지나친 피로 누적으로 생활 방식을 바꾸지 않을 수 없는 상황이 되었습니다. 그제야 저는 '이대로 살다가는 큰일 나겠구나' 하고 후회했습니다.

'어떻게 그렇게 무모할 수 있었을까?' 그 시절을 떠올릴 때마다 드는 생각입니다. 일을 마치고 돌아올 때면 '간이 쑤신다'는 느낌이 들 정도였고, 집에 와서는 아무것도 하지 못하고 축 처져 있었습니다. 한마디로 제 몸에 무심했지요.

50대에 들어서는 건강관리를 열심히 합니다. 제가 천하무적이 아니라는 사실을 뼛속 깊이 느끼기 시작했기 때문이지요.

시기상 다를 수는 있지만 자신의 건강에 전혀 관심 없는 사람은 없을 겁니다. 하지만 건강관리를 제대로 하고 있느냐는 별개의 문제입니다.

건강관리는 습관처럼 몸에 배야 하는 것이어서, 하루아침에 건강을 얻을 수는 없습니다. 또한 다른 사람이 좋은 건강관리법을 갖고 있다 해도 따라 하기는 쉽지 않습니다. 모든 사람에게 효과가 있는 완벽한 건강관리법이라는 것도 없습니다. 자신에게 맞는 방법을 꾸준히 실천하려 노력하는 것이 중요합니다.

일반적으로 건강관리라고 하면 육체적인 건강관리에 집중하는 듯 보입니다. 하지만 육체가 건강해야 영혼도 건강하고, 영혼이 건강해야 육체도 건강하게 유지할 수 있지요.

제가 영혼의 건강을 유지하기 위해 실천하는 방법은 깊은 심호흡과 감정을 바라보는 시각의 조정을 통해 감정을 가라앉히는 것입니다. 갈등 상황에서도 '대체 왜 그러는데?'라고 반응하기보다는 '그럴 수도 있지'라고 웬만하면 상대방의 입장에서 이해하려고 합니다.

또한 최근에 저는 육체적인 건강관리를 위해 한방과 양방을 적절히 병행합니다. 저의 고질적인 문제를 참을 것이 아니라, 그 증상에 따라 적극적으로 치료를 받습니다.

하루는 한의원에서 치료를 받으며 선생님과 대화를 나누다가 이런 이야기를 들었습니다.

"공 박사님은 아주 양호한 편입니다. 몸 상태가 정말 엉망인 채로 찾아오는 분들이 많습니다. 업무는 격무인 데다 스스로 몸을 챙기지 않아서 어디부터 손을 써야 할지 모를 정도로 몸이 상해 있지요. 너무 자기 몸에 무심한 분들입니다."

그 이야기를 들으며 제 지난 날이 떠올라 안타까웠습니다. 얼마 전 질병관리본부에서 발표한 '2012년 국민건강영양조사'에 보면 우리나라 사람들의 건강관리 상태가 그다지 좋지 않은데, 그중에서도 특히 여성은 20대, 남성은 30대가 건강관리를 가장 못하는 세대라고 합니다.

남성들의 경우 격무 속에서 과음과 과식, 흡연 등이 많아지고 이에 반해 운동량은 줄면서 각종 성인병에 시달리게 됩니다. 문제는 30대의 이런 건강하지 못한 습관들로 인해 노후의 건강마저 위협받는다는 점이죠.

있을 때 지켜야 하는 것이 바로 건강입니다. 제가 지금까지 꾸준히 실천하고 있는 제 나름의 건강관리 원칙을 소개하고자 합니다.

첫째, 몸과 영혼의 건강을 함께 유지하도록 시간과 노력, 비용을 투자합니다.

둘째, 적정 수준의 운동을 꾸준히 실천합니다. 큰마음을 먹고 오랫동안 운동을 하기보다는 시간 날 때마다 짬짬이 합니다.

셋째, 자신의 취향에 맞는 주력 운동을 한두 가지 갖고 실천합니다. 저에게 그런 운동은 걷기, 스트레칭, 역기 운동입니다.

넷째, 운동은 스트레칭, 근력운동, 심폐운동으로 나누어서 실시하며, 가능한 한 운동량을 노트나 스마트폰에 기록해 둡니다.

다섯째, 음주를 피하고, 적게 꼭꼭 씹어 먹으며, 저녁은 되도록 일찍 먹어서 위를 충분히 비운 상태에서 잠자리에 듭니다.

여섯째, 손과 발 마사지를 꾸준히 합니다.

일곱째, 정기적으로 몸 상태를 체크합니다. 이상이 있을 때는 양방이나 한방 어느 한쪽에 치우치지 않고 문제 해결에 도움을 주는 방법이면 모두 활용합니다.

여덟째, 건강 문제에 대해 상의할 수 있는 의사와 친분을 유지하며 조금이라도 몸에 이상이 느껴지면 상담을 받습니다.

아홉째, 예방적 조치를 우선시하며, 자주 문제점을 발견해서 사전에 고치도록 합니다. 병이 심해질 때까지 미련하게 놔두는 우를 범하지 않습니다.

열째, 해마다 건강검진을 받으며 지나치지 않은 범위 내에서 몸의 변화에 관심을 갖습니다.

여러분도 이런 원칙을 참고하여 자신만의 건강관리 원칙을 정해서 실천해 보시기 바랍니다. 원칙 없이 막연하게 건강을 지키려는 것과 원칙을 세우고 그에 따라 건강을 지키려는 노력 사이에는 큰 차이가 있지 않을까요? 몸과 마음을 성실히 관리해 가며 건강한 백세 시대를 준비하시기 바랍니다.

작심삼일* 예방법

Gong's definition
3일마다 돌아오는 작은 출발점.

▶ 잠시 여러분이 꼭 해야 하는 일들을 생각해 보세요. 아침에 규칙적으로 일어나기, 과식하지 않기, 운동하기, 무언가 배우기……. 그런 일의 실천 앞에는 '작심삼일'의 위험이 놓여 있습니다.

결심한 것을 꾸준히 할 수 있는 사람이라면, 처음 먹었던 마음이 흔들리지 않는 사람이라면 무슨 걱정이 있겠습니까? 그러나 살면서 작심삼일의 경험이 없는 사람은 거의 없을 것입니다. 그런데 왜 사람들은 어떤 결심을 했다가 3일 만에 그만 두게 될까요? 이를 방지할 방법은 없을까요?

사실 우리가 작심삼일을 반복하는 이유는 사람이기 때문입니다. 사람은 결코 완전할 수 없는 존재입니다. 작은 약속이라도 지킬 때보다는 지키지 않을 때가 더 많지요. 지키지 않을 때도 자신을 비판하기보다는 합리화하는 데 급급합니다.

　작심삼일의 대상이 되는 일은 스스로를 불편하게 만드는 일입니다. 담배를 피우던 사람이 금연을 하는 것도, 퇴근 후에 텔레비전을 보던 사람이 체육관에서 운동을 하거나 책을 읽는 것도 대단한 결단이자 불편함을 요구하는 일입니다. 인간의 본성은 편안함을 선호합니다. 의도된 노력을 하지 않으면 본성에 따라 사는 일이 자연스럽지요.

　작심삼일을 두고 지나치게 고민하거나 자책할 필요는 없습니다. 단, 그에 대해 어떻게 대처하는지는 다른 문제입니다. 작심삼일을 할 수는 있지만, 거기서 중단하지 말고 그 다음으로 나아갈 수 있도록 노력해야 합니다.

　즉, 한번 실패했다고 해서 주저앉지 말아야 합니다. 자신의 불완전함을 인정하고, 한두 번의 주춤거림에도 다시 일어서서 계속 나아가려는 의지를 지녀야 합니다.

　그렇다면 이러한 의지를 뒷받침할 수 있는 구체적인 방법으로는 어떤 것이 있을까요?

　첫째, 특별한 계획을 세워서 활동해야 합니다. 매일 해야 할 일들 중 작심삼일의 대상이 될 수 있는 것들은 별도로 관리합니다. '특별 관리'라는 코너를 만들어서 따로 관리하면 그만큼 더 잘하기 위해 노력하게 됩니다.

　둘째, 잘 해낸 것에 대해서 스스로를 격려합니다. 하루를 마무리할 때, 자신과 한 약속 중 성취한 것은 정확하게 기록으로 남깁니다. 이렇게 성취의 결과를 적는 것만으로도 동기를 부여하는 데 도움이 됩니다.

셋째, 하려는 일을 눈에 자주 띄게 합니다. 달성하고 싶은 것을 포스트잇 등에 간단히 적어서 눈에 잘 띄는 곳에 붙여두거나 지갑에 넣고 다니면서 수시로 봅니다. 공개된 장소에서 활용하고 싶다면 자신만이 알 수 있는 표시를 사용해도 좋습니다.

넷째, 점진적인 방법을 사용할 수도 있어야 합니다. 처음에는 목표를 아주 야심차게 잡는 경우가 많죠. 일단 처음에는 끝까지 해내겠다는 강력한 결심보다는 딱 3일만 넘겨서 4일을 버텨보겠다는 가벼운 마음으로 출발해 보세요.

그렇게 해나가면서 1~2주 정도 시행해 본 다음 목표가 지나치게 높다고 판단되면 목표를 재조정해도 됩니다. 작은 성취라도 하나하나 만들어가면서 자신감을 쌓는 일이 중요합니다.

마지막으로, 넘어지더라도 다시 털고 일어서서 계속 나아가야 합니다. 한 번 넘어졌다고 누워버리면 안 됩니다.

결과의 완벽함을 향해 나아가되 먼저 스스로가 불완전한 존재라는 사실을 받아들이면 작심삼일을 자연스럽게 극복하는 데 도움이 될 겁니다. 누구나 작심삼일을 할 수 있다고 충분히 인정하는 데서 이를 극복할 수 있는 길이 열림을 명심하시기 바랍니다.

025

정확한 의사소통*의 조건

Gong's definition
애매한 표현은 서로 다른 꿈을 꾸게 한다.
아니다 싶을 땐 아니라고 분명하게 말하라.

▶ "언제 선생님과 한번 공동 작업을 해보고 싶습니다."

제법 나이 차이가 나는 한 작가로부터 메일을 받은 적이 있습니다. 평소에 좋은 인상을 지니고 있던 분이었지만 공저라는 게 쉬운 작업이 아니기에 그저 덕담을 하고 넘겨야 할 상황이었습니다.

저는 고민 끝에 '한번 생각해 보겠습니다. 좋은 아이디어가 있으면 함께 고민해 봅시다'라고 답했습니다. 사실은 '좋은 제안을 주셔서 고맙지만 공저를 하는 일은 어렵습니다'라고 말했어야 하지만, 딱 잘라 거절하는 게 힘들어서 에둘러 이야기할 수밖에 없었습니다.

그리고 몇 달이 지난 후 그 작가로부터 '왜 공저를 한다고 해놓고 아무런 연락이 없느냐, 그런 사람밖에 되지 않았느냐'라고 항의하는 메일을 받았습니다.

다소 격앙된 분위기의 메일을 받자마자 상당한 충격을 받았습니다. 그분은 아마도 저의 답신을 오해했던 모양입니다. 그래도 정중하게 답장을 보내 이야기를 마무리지었습니다. 그러나 기분은 좋지 않았지요.

이 사건은 '정확히 의사를 표현하지 않아서 난감한 상황을 맞은 경우'를 이야기할 때 저에게 가장 먼저 떠오르는 일입니다. 여러분도 비슷한 일을 겪어보셨을 거라 생각합니다.

의사소통을 정확히 하지 않아서 일어나는 일들은 아주 흔합니다. 사람은 말이든 문장이든 자기 입장에서 받아들이고 해석하기 때문에 언제든지 오해가 생길 수 있습니다.

한 사람이 "수요일까지 끝내도록 노력하겠습니다"라고 말할 때, 그 사람은 '수요일까지 끝내도록 노력은 하겠지만 그때까지 끝내지 못할 수도 있다'라는 의미일 수 있습니다. 그러나 듣는 사람은 '수요일까지 꼭 끝낼 것이다'라는 의미로 받아들일 수 있지요. 그런 경우 수요일까지 일을 끝내지 못했을 때 두 사람의 반응은 달라질 것입니다.

의사소통으로 인한 문제를 미연에 방지하려면 애매하게 표현하지 않고 가능한 한 정확하게 표현하는 것이 좋습니다. 그리고 상대방은 그 표현을 어떻게 받아들일지를 한 번 더 점검한 다음 이야기하거나 메일을 씁니다. 가능하면 표현은 정중하게 하는 것이 좋습니다. 의향을 정확하게 전달하되 격앙된 표현을 하거나 감정을 드러낼 필요는 전혀 없습니다.

다양한 사람들이 모인 직장에는 이따금 '착한 사람 콤플렉스'에 걸린 분들이 있습니다. 상대방에 대해 싫은 소리를 하지 못합니다.

사람들 사이에도 일종의 권력 관계가 형성되고, 그 관계에서 착한 사람은 불리한 입장에 놓이기 쉽습니다. 함부로 대해도 되거나 필요할 때면 아무렇게나 일을 시켜도 되는 사람으로 받아들여질 수 있지요.

'나는 함부로 대해도 되는 사람이 아니다'라는 의사를 분명히 전달할 필요가 있습니다. '이게 아닌데'라는 생각이 반복해서 들면 문제 해결을 미루지 마시기 바랍니다. 때때로 '아니오'라고 이야기할 수 있는 사람이 되어야 합니다.

감정을 드러내지 않고 '나는 이렇게 생각하는데, 이렇게 하지 않았으면 좋겠다'라는 이야기를 상대방에게 정확히 전달해야 합니다.

아울러 윗사람에게 의사 표현을 할 때 피해야 할 일이 있습니다. 감정을 드러내며 다투는 것입니다. 자신이 조직 내에서 능력과 영향력이 적지 않다고 생각하는 사람들 중에는 윗사람과 쉽게 다투는 사람들이 있지요.

아이들은 진심 어린 화해가 가능합니다. 하지만 어른들의 경우는 감정적으로 틀어지고 나면 관계를 회복하기가 쉽지 않습니다.

의사소통을 할 때는 정확하게 표현하고, 상대방의 입장에서 생각해 보며, 감정을 개입시키지 않도록 합니다. 그러면 불필요한 오해나 감정 소모, 시간 낭비를 방지할 수 있습니다.

026

외모*에 변화 주기

Gong's definition

"한 사람의 외모는 그 무엇과도 바꿀 수 없는 강력한 추천장."

▶ 강연을 마치고 엘리베이터를 타고 내려가던 중이었습니다. 엘리베이터를 함께 탄 중년 신사분의 재킷으로 눈이 갔습니다. 재킷 뒷면에 꽃 한 송이가 멋지게 그려져 있었거든요. 50대 중후반 정도 되어 보이던 그분은 청바지에 빨간 티셔츠를 입고, 여름용 캐주얼 재킷을 입고 계셨습니다.

옷에 큰 관심이 없고 늘 정장을 입고 다니던 저로서는 그분의 옷차림이 신선한 충격으로 다가왔습니다. 그래서 이런 말씀을 드렸습니다. "아, 옷이 정말 멋지네요. 저도 이렇게 한번 입어봤으면 좋겠습니다."

그러자 그분의 답변이 인상적이었습니다. "제가 이렇게 입는 것을 좋아하기도 하고, 재미있어하기도 합니다."

사회의 통념과 다른 복장을 하는 행위를 좋아하고 즐긴다는 말씀이 귀에 쏙 들어왔습니다. 명함을 주고받으며 그분이 20여 년간 디자인 사업을 해온 분이라는 것을 알게 되었습니다.

얼마 후 저의 새 책에 들어갈 표지 사진을 찍을 기회가 있었습니다. 다양한 사진을 찍다가, 나중에는 청바지를 입고 찍어보고 가죽 재킷을 입고도 찍어보았습니다.

그때 그 사진작가 분이 저에게 이런 말씀을 하시더군요. "공 박사님, 스타일을 조금씩 바꿔보시는 것도 좋습니다."

저는 이 두 가지 사건에 자극을 받아 '나도 외모에 변화를 주어야겠다'는 생각을 하게 되었지요. 그러던 어느 날 그 생각을 실천에 옮기게 되었습니다.

그날은 코엑스에서 강연을 하기로 되어 있었는데, 정장 차림 말고 캐주얼한 복장으로 해보자는 생각이 들었습니다. 저는 청바지를 입기로 했습니다. 그것도 군대 간 아들이 두고 간 청바지에 밝은 노란색 셔츠를 입기로 결심했습니다. 저는 평소 보수적이고 신중한 편이지만, 한번 생각하면 즉시 실천에 옮기는 과감한 면도 있지요.

청중의 반응은 한마디로 '와!'였습니다. 청바지와 티셔츠를 입고 강연하는 모습에는 익숙하지 않았을 테니, 신선하게 보였던 모양입니다. 강연을 마치고 몇 분이 용기를 북돋우는 말을 해주셨습니다.

스스로도 강연을 하면서 옷차림이 강연 분위기에 영향을 미치는구나 하는 생각이 들었습니다. 훨씬 부드럽게 강연을 이끌어갈 수 있었거든요.

이따금 옷차림이나 헤어스타일 등 외모에 변화를 주는 것은 좋은 일입니다. 평소와 다른 복장을 했을 때 몸가짐과 마음가짐도 함께 달라지는 경험을 해보셨을 겁니다.

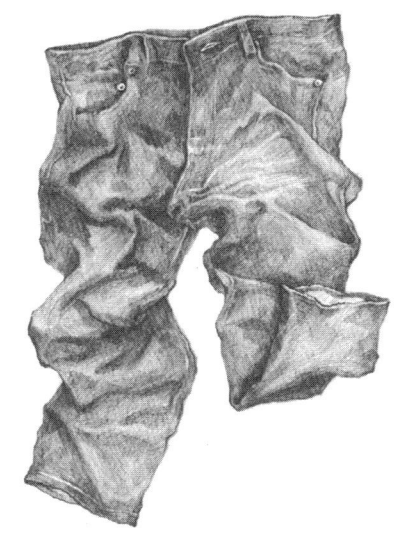

정장을 입으면 아무래도 긴장하게 되고, 캐주얼한 복장을 하면 긴장이 풀리며 편안해집니다. 특정 직업에서 제복을 입도록 하는 데도 그런 이유가 있을 것입니다. 제복을 입는 순간 그 일을 하는 마음가짐과 몸가짐이 더욱 확고해지는 효과가 있을 테니까요.

옷차림이나 헤어스타일을 바꾸면 기분 전환이 되기도 합니다. 예전에 해본 적이 없는 스타일을 하면 자신이 다른 존재가 된 듯한 기분을 느낄 수도 있습니다. 젊어진 것 같고, 새로운 에너지를 느낄 수도 있지요.

외모의 변화 가운데 무척 큰 것 중 하나가 성형입니다. 요즘은 성형이 보편화되어 젊은 사람들뿐 아니라 나이가 있는 분들도, 여성들뿐 아니라 남성들도 적지 않게 성형을 합니다.

무분별하고 지나친 성형은 바람직하지 않지만, 자신감을 회복할 수 있을 정도의 성형을 부정적으로 바라볼 필요는 없다고 생각합니다.

저는 마흔한 살 때 치아를 교정했습니다. 용감하지 않습니까? 치과에 들렀다가 "치아 교정을 하면 좋을 텐데……"라는 의사 선생님의 말을 듣고 즉시 결정했죠.

치아 교정이 한 사람에게 주는 긍정적인 효과는 돈으로 측정할 수 없을 만큼 큽니다. 저는 치아를 교정하거나, 주름을 살짝 가리는 등의 성형에 대해서는 열린 마음을 갖고 있습니다. 자신에게는 긍정의 심리를, 타인에게는 기쁨을 주는 행위라고 생각하지요.

똑같은 얼굴을 한 여성들이 거리를 오가는 모습을 그린 성형 풍자 카툰을 본 적이 있습니다. 또한 성형을 하다가 장애를 얻거나 심한 경우 목숨을 잃는 경우도 있다고 들었습니다. 물론 목숨을 담보로 하면서까지 외모를 바꿀 필요는 없겠지요.

외모의 변화가 긍정적인 자아 이미지를 심어주는 데 기여할 수 있음을 지적한 사람은 성형외과 의사 출신의 작가 맥스웰 몰츠입니다. 자기계발서의 고전 『맥스웰 몰츠 성공의 법칙』에서 그는 자아 이미지의 역할을 무척 강조합니다.

그는 '나는 어떠한 부류의 사람'이라는 개인적인 생각이나 믿음이 만들어지고 나면, 개인적인 면에서 그것은 진실이 된다는 점을 강조합니다. 또한 그는 이런 자아 이미지를 변화시키는 데 성형도 일조할 수 있다고 말합니다. 성형외과의사로서 그는 임상 경험을 이렇게 털어놓습니다.

수년 전 성형외과를 개업하고 있을 당시 나는 환자 얼굴에서 결점이 사라지면 그 사람의 성격이나 인격에도 극적이고 갑작스런 변화가 생긴다는 사실을 알고 놀란 적이 있다. 여러 다양한 사례를 통해 신체 이미지에 변화를 주면 완전히 다른 사람을 만들 수 있다는 사실을 알게 되는 것이다. — 맥스웰 몰츠, 『맥스웰 몰츠 성공의 법칙』

자칫 지루해질 수 있는 일상에서 외모에 작은 변화를 줌으로써 신선한 기운을 불어넣을 수 있다면 좋은 일일 것입니다.

내일 출근할 때는 평소와 조금 다른 스타일의 옷을 입어보시는 건 어떨까요? 헤어스타일을 조금 바꿔보는 것도 좋겠고요. 그러면 조금은 즐겁고 신선한 하루가 되지 않을까요?

027
디지털 시대의 **독서***

Gong's definition
무지의 세계를 환히 비춰주는 등대의 불빛.
자신만의 속도로 온전히 하나의 세계를 만
난다.

▶ "저 사람은 타고난 독서광이다."

저는 이런 이야기를 많이 듣습니다. 아마도 20년 넘게 언론에 꾸준히 신간 서평을 기고해 오면서 생긴 이미지일 겁니다.

하지만 사실 저는 타고난 독서광이 아닙니다. 제가 본격적으로 책을 읽기 시작한 건 정규 교육을 모두 마치고 직장 생활을 시작한 30대를 넘어서입니다.

계기는 간단합니다. 너무 좁은 분야를 공부해 왔기 때문에 시야와 안목을 넓히고 싶다는 소망에서 책을 읽기 시작했습니다. '그냥 이렇게 살다 가서 되겠나?' 하는 각성에서 시작되었다고 할까요?

사람은 저마다 잘 배우는 방법이 따로 있지요. 어떤 사람은 직접 경험하면서 배웁니다. 사업가들 가운데 그런 사람이 많죠. 그런데 저

"좋은 책을 읽는 것은 과거의 가장 뛰어난 사람들과 대화를 나누는 것과 같다."
—데카르트

는 읽고 쓰면서 잘 배웁니다. 그래서 그동안 독서와 놀이 사이에 큰 갈등을 경험한 적은 별로 없습니다. 책을 읽는 것이 자연스러운 일상이자 놀이가 되었고, 제가 하는 일과도 밀접한 관계를 맺고 있고요. 그런데 그렇지 않은 분들이 많은 것 같습니다.

문화체육관광부가 실시하는 국민독서실태조사의 최근 결과(2011년)에 따르면, 우리나라 성인들의 한 해 독서량은 평균 9.9권으로 조사되었다고 합니다. 1년에 열 권 정도인 셈이니 한 달에 한 권도 채 안 된다는 얘기죠. 실제로 한 해 동안 책을 한 권도 읽지 않는 성인은 전체 성인 인구의 33.2퍼센트에 달한다고 합니다.

더구나 구정화 교수의 『퍼센트 경제학』에 따르면, 남성 직장인들은 여성 직장인들보다 책을 더 안 읽으며, 책값보다 술값을 아홉 배나 더 많이 지출한다고 합니다.

지상파 채널 외에도 수많은 케이블 채널과 종편 채널의 등장, 인터넷 매체의 발달, 스마트폰과 각종 SNS 등 다양한 디지털 매체의 발달 속에 책을 읽는 일은 점점 줄어들고 있습니다. 그러나 각종 디지털 매체가 책을 대신할 수는 없습니다.

얼마 전에 한 모임에서 30년 넘게 학생들을 가르쳐온 교수님과 대화를 나눌 기회가 있었습니다. 그분의 이야기 가운데 제가 평소에 갖고 있던 생각과 통하는 게 있었습니다.

그 교수님은 학생들을 10년 터울로 비교해서 보면 세상의 변화를 느낄 수 있다고 하셨습니다. 그런 변화 가운데 하나는 요즘 학생들이 문제에 대한 해답을 제시하는 논리적인 능력이 떨어지고 검색엔진처럼 사실을 단편적으로 나열하는 경우가 많다는 것이었습니다. 논리적이고 이성적이기보다는 즉흥적이고 감각적이라고 합니다.

그 교수님은 이러한 현상이 나타나는 주요 원인으로 독서의 절대량 부족을 지목하셨습니다. 논리적으로 자신의 주장이나 문제에 대한 답을 정리하는 일은 읽고 쓰는 훈련이 되어 있지 않으면 쉽지 않은 일입니다.

아무리 디지털 매체가 발달해도 이와 같은 독서의 역할을 대신할 수는 없습니다. 전자책의 등장처럼 책의 형태를 달리할지라도, 읽는 행위 자체의 중요성은 변하지 않을 것입니다. 세상을 보는 눈을 넓고 깊게 갖고, 논리적으로 사고하고, 타인을 설득하는 능력은 독서를 통해서 효과적이고 확실하게 습득할 수 있습니다.

제가 독서에 대해 깊은 신뢰를 보내는 것은 몇 가지의 다른 장점들 때문이기도 합니다.

독서는 지식을 늘려줍니다. 인류의 지식은 책을 통해 축적되고 보존되어 왔습니다. 책을 통해 풍부한 지식을 습득할 수 있습니다.

독서는 사고력을 키워줍니다. 책을 통해 다양한 사람들의 생각을 접하면서 고정관념에서 벗어나 세상을 균형 있게 볼 수 있게 됩니다. 시야가 넓어지고 사고가 깊어집니다.

독서는 인간에 대한 이해를 도와줍니다. 인간에 대한 공감 능력을 높여줍니다. 또한 독서는 다양한 사람들의 삶을 엿보며 자극을 받을 수 있게 해줍니다. 어린 시절에 혹은 성인이 된 후에도 책을 통해 접한 다른 사람의 삶을 인생의 등대로 삼아본 경험이 있을 것입니다.

독서는 언어 능력을 발달시켜 줍니다. 읽고 쓰는 능력을 키워주고 어휘력을 늘려줍니다. 그래서 말로든 글로든 다른 사람들을 설득할 수 있는 능력도 커집니다.

물론 이러한 실용적인 이유들 외에 독서는 우리에게 큰 재미와 즐거움을 줍니다. 책을 읽으며 상상력을 동원하여 머릿속에 그림을 그려나가는 즐거움은 영상물을 볼 때는 느낄 수 없는 즐거움입니다.

영국의 시인 윌리엄 워즈워드는 "책은 한 권 한 권이 하나의 세계다"라는 말을 남겼습니다. 이 세상의 속도가 아무리 빨라지고 이 세상에 아무리 많은 소음이 넘쳐나더라도, 책을 읽으면 자신만의 속도로 온전히 하나의 세계와 만날 수 있습니다. 그런 시간을 갖는 것은 우리의 특권이자 의무입니다.

꾸준하게 고전* 읽기

Gong's definition

<u>오랜 세월을 거치며 검증받아 온 옛사람들의 지혜를 만나고 세상살이의 잣대를 제공받는 일.</u>

▶ 한 사람이 열심히 노력해서 재산과 명성을 쌓았지만 판단 실수로, 혹은 사람에게 속아서 모든 것을 날려버렸다고 해보세요. 이는 지식을 활용해서 어렵게 모은 것을 지혜 부족으로 날려버리는 일에 비유할 수 있습니다.

따라서 지식을 얻고 결과물을 만들어내는 데 많은 시간을 쏟으면서도 틈틈이 지혜를 축적하는 일을 게을리하지 않아야 합니다. 잘못하면 한 번에 수년 혹은 수십 년 노력의 결과물을 날려버릴 수 있기 때문입니다.

그렇다면 어떻게 지혜를 얻을 수 있을까요? 고전에 그 해답이 들어 있습니다. 이디스 해밀턴은 저서 『고대 그리스인의 생각과 힘』에서 "세상이 폭풍에 휩싸여 있고, 현재 일어나고 있는 불운과 임박해 있는 더 가혹한 재앙이 너무나 절박하여 시야로부터 다른 모든 것을 차단해 버릴 때, 우리는 인류가 여러 시대에 걸쳐 이룩해 온 정신의 강력한 요새를 모두 알아야 할 필요가 있다'라고 말하기도 했습니다.

'고전'이라 하면 무엇이 떠오르십니까? 『구운몽』 『홍길동전』 『논어』 『신곡』 『오디세이』 『레미제라블』 같은 이름이 떠오르나요? 맞습니다. 사전을 찾아보면 고전은 '오랫동안 많은 사람에게 널리 읽히고 모범이 될 만한 문학이나 예술 작품'이라고 정의되어 있습니다.

여러분 모두 학창 시절부터 '고전을 읽어야 한다'는 말을 많이 들었을 것입니다. 그런데 정작 고전 문학을 많이 읽었느냐고 물으면 '그렇다'고 자신 있게 답할 분이 많지 않으리라고 생각합니다.

사전적 정의처럼 읽을 가치가 충분하고, 여기저기서 고전을 읽어야 한다고 강조하지만 왠지 딱딱하고, 지루하고, 재미없고, 어려울 것 같다는 생각이 들어서 고전에는 쉽게 손이 가지 않습니다.

작년에 저는 『공병호의 고전강독』 시리즈 네 권을 출간했습니다. 소크라테스와 플라톤, 아리스토텔레스 등 고대 철학자들의 가르침을 통해 현재를 살아가는 지혜를 얻고자 한 작업이었지요. 쉽지 않은 작업이었지만, 지금까지 해온 집필 작업 중 특히 보람이 컸습니다.

제가 그 작업을 시작한 이유는 '어떻게 사는 게 잘 사는 것인가?' 혹은 '최고의 인생은 어떤 인생인가?'라는 오랜 물음 때문이었습니다. 많은 사람들이 마음에 품은 채 살아가는 질문이지요.

인류가 남긴 많은 고전 속에 그에 대한 해답이 들어 있을 거라는 믿음은 있었지만, 읽을 시간이 없다는 핑계로 미루고 있었습니다. 특히 고대 그리스 철학자들의 고전을 읽고 싶다는 생각을 오래전부터 하고 있었는데, 그런 고전을 읽으려면 집중적으로 독서할 수 있는 시간이 필요하기에 선뜻 손을 대지 못하고 있었지요.

그러다가 20년 만에 직장을 그만두고 쉬면서 고전을 읽기 시작한 아내에게 자극을 받아 저도 고전을 읽기 시작했습니다. 그렇게 시작된 고대 그리스 시대 고전과의 만남은 저에게 기대 이상의 즐거움을 주었습니다. 수천 년 전에 살았던 위대한 인물들을 만나 그들의 이야기를 통해 그동안 가져왔던 궁금증과 고민에 대해 명쾌한 대안을 제시받을 수 있었습니다.

특히 아리스토텔레스의 『니코마코스 윤리학』을 읽으며 정작 행복이란 것에 대해 깊이 고민해 본 적이 없는 저를 돌아보게 되었습니다. 이 책은 행복이란 무엇인지 명쾌하게 정리해줄 뿐만 아니라 행복에 이르는 방법까지도 가르쳐주었습니다.

아리스토텔레스가 말하는 행복은 이것입니다. '자신이 잘해야 하는 일을 아주 잘하는 상태.' 행복이 어디 멀리 있는 것이 아니라, 지금 이 순간 해야 할 일을 잘하는 것이라는 답이었습니다.

그러면 어떻게 하면 행복할 수 있을까요? 흔히 푹 쉬는 것이나 돈을 많이 버는 것을 행복으로 생각하지만, 아리스토텔레스는 '행복은 활동이다'라는 답을 제시합니다. 활동 중에서도 무언가를 대충대충 하는 것이 아니라 아주 진지하게 열심히 최고의 수준으로 행하는 활동을 말하지요.

고전을 읽는 일은 이처럼 훌륭한 스승을 만나는 일이자 친구를 만나는 일이기도 합니다. 그런 만남을 통해 인생에서 만나는 근본 문제들, 옳고 그름, 선과 악, 행복과 불행, 삶과 죽음, 거짓과 진실에 대해 명쾌한 답을 얻을 수 있도록 도와주는 것이 고전입니다.

얼마 전 과욕과 과신 때문에 30년 노고가 무너진 한 사업가를 보면서 이런 생각을 했습니다. '저분이 사십 줄에 들어서부터 고전으로 자신을 가다듬는 노력을 했다면 저런 과욕과 과신, 그리고 과속에서 벗어날 수 있지 않았을까?'

아무튼 저는 고전 공부를 통해 살면서 만나는 본질적인 문제들에 대해 정확한 입장 정리를 할 수 있었습니다. 그리고 눈에 보이는 것들에 지나치게 큰 비중을 두지 않게 되었습니다.

고전이 조금 어렵고 지루할 수는 있습니다. 그러나 뼈가 튼튼해지려면 하중이 걸리는 운동을 해야 하는 것처럼, 독서도 이따금 두뇌에 하중이 걸리는 것을 읽어야 합니다. 그래야 뇌도 튼튼해집니다.

인간은 언제나 자신이 고민하고 있는 문제를 특별한 것으로 받아들입니다. 그러나 인류 역사를 통해 인간의 심성이나 본성은 크게 달라진 바가 없습니다.

고전 속에 비친 인간의 자화상은 정말 많은 것을 가르쳐줍니다. 그것이 주는 궁극적인 혜택은 '현명한 판단'을 내릴 수 있는 지혜입니다.

나를 바꾸는 **글쓰기***

Gong's definition

마음을 치유하고 싶다면 글을 써라. 더 나은 삶으로 성장하기 위한 가장 멋진 도구.

▶ 처음에 저의 글쓰기는 업무 중 하나였습니다. 마치 여러분이 직장에서 기획을 하거나 관리를 하거나 영업을 하는 것처럼 말입니다. 그러다가 2000년 중반, 조직을 벗어나 홀로서기를 시작한 후 어설 펐던 홈페이지를 대폭 리뉴얼하여 가벼운 글쓰기를 시작했습니다. 당시로서는 새로운 시도여서 재미있을 것 같다는 단순한 생각이었죠. 손이 가는 대로, 의식이 흘러가는 대로, 가볍게 글을 써내려갔습니다.

　이제 글쓰기는 저에게 일이자 일상이 되었습니다. 긴 글이든 짧은 글이든 하루도 글을 쓰지 않고 지나가는 날이 없게 되었죠.

　여러분은 회사에서 쓰는 보고서 말고, 자신의 마음을 글로 표현해 본 적이 언제인가요? 저처럼 글을 쓰는 일을 업으로 하거나, 일기를 꾸준히 쓰거나 블로그를 지속적으로 운영하거나 하지 않는다면 글을 써

본 게 언제인지 기억나지 않는 분이 대부분일 겁니다.

그런데 글을 쓰는 일에는 흔히 생각하지 못할 힘이 숨어 있습니다. 바로 자신의 감정을 글로 표현함으로써 생각을 정리하고 심리적 안정을 얻을 수 있는 것이죠.

사이언 베일락은 『부동의 심리학』에서 "감정을 털어놓는 것은 우리 몸과 마음에 모두 이로운 일이라 할 수 있다. 감정을 표출하는 글쓰기는 부정적인 생각을 줄여주기 때문에 인지 능력을 마음대로 활용해서 자기 앞에 놓인 장애물에 맞설 수 있게 도와준다"라고 말했습니다.

저 역시 쓰고 싶은 주제에 대해 가볍게 글을 쓰는 행위가 정신적인 치유의 힘을 지닐 뿐 아니라 재충전하는 훌륭한 방법이란 사실을 서서히 깨우쳤습니다.

실제로 글쓰기 요법이라는 일종의 심리 치료법이 있습니다. 텍사스 주립대 심리학과 제임스 페너베이커 교수가 주창한 방법이지요.

페너베이커 교수는 생각과 감정을 글로 쓰면 정신적, 신체적으로 긍정적인 변화가 일어난다는 것을 증명했습니다. 실험 참가자들에게 하루 15~30분씩 3~5일간 글을 쓰게 했는데, 글을 쓰면서 깊은 감정에 다다른 사람들은 육체적·정신적 건강이 호전되었다고 합니다. 피상적인 주제에 대한 글을 쓴 사람들은 아무 효과를 느끼지 못했고요.

생각과 감정을 글로 정리하다 보면 상황을 좀더 잘 이해할 수 있고, 자신을 돌아볼 수 있습니다. 페너베이커 교수는 자신의 경험을 3~4일에 한 번씩 글로 쓰면 혈압도 안정되고 면역체계가 강해진다고 했습니다. 심리적으로 안정과 확신을 얻게 됨은 물론이고요.

그런 점에서 일기를 쓰는 것은 좋은 습관입니다. 그런데 안타깝게도 많은 분들이 어린 시절 의무감에 써야 했기 때문에 일기에 대한 인상이 별로 좋지 않은 듯합니다.

그 대안으로, 자신의 기분, 심경, 생각 등을 가볍게 자주 글로 적어보면 어떨까요? 공개 혹은 비공개 블로그를 활용하는 것도 좋은 방법입니다.

컴퓨터로 글을 쓰면 생각의 속도에 맞춰 쓸 수 있어서, 글쓰기가 쉽고 편안합니다. 노트에 펜으로 쓰는 것도 매력적이긴 하지만 아무래도 속도가 느리죠. 주중이라면 매일 밤 잠깐 짬을 내어, 주말에는 한두 시간 정도 시간을 내서 솔직하게 내면의 이야기를 적어보기 바랍니다.

글을 쓰는 행위는 영혼을 정화하는 일이기도 하고, 역경을 극복하는 일일 수도 있고, 에너지를 충전하는 방법일 수도 있습니다. 흐트러진 생활을 다시 세우는 방법일 수도 있고, 결의를 다지는 방법일 수도 있고, 자신에게 리스타트를 외치는 방법일 수도 있습니다.

그렇게 하다 보면 일상의 리듬을 찾을 수 있고, 심각하게만 보였던 문제들이 하나하나 자리를 잡아갑니다. 살아야 할 시간이 점점 길어지는 시대에 멋진 삶을 가꾸어가는 훌륭한 방법이 바로 글쓰기입니다.

그래도 **종이 신문***

Gong's definition
짧은 시간 안에 전체를 파악할 수 있고 시야를 넓혀주는 여전히 매력적인 매체.

▶ 종이 신문의 시대가 저물어가고 있습니다. 요즘 대부분의 사람들은 사무실에서나 집에서 포털 사이트를 통해 뉴스를 접합니다. 출근길에 스마트폰으로 뉴스를 검색하거나 트위터 등의 SNS로 뉴스를 접하는 경우도 많을 겁니다. 특히 디지털 세대인 20~30대의 대부분은 인터넷을 통해 뉴스를 접합니다.

저도 주로 컴퓨터로 작업을 하다 보니 늘 인터넷에 연결되어 있습니다. 따라서 포털에 올라 있는 기사들을 보게 될 때도 있습니다. 그러나 포털의 자극적인 기사 제목에 낚여 기분이 상한 경험을 몇 번 한 후 포털에서는 뉴스를 잘 보지 않게 되었지요. 그리고 여전히 종이 신문을 주요 정보원으로 활용합니다.

같은 뉴스를 종이 신문으로 보는 것과 인터넷이나 스마트폰으로 보는 것 사이에 무슨 차이가 있냐고 생각할 수도 있겠죠. 신문을 인터넷으로 처음 접했을 젊은이들에게 종이 신문은 흘러간 시대의 잔재처럼 여겨지기도 합니다.

그러나 종이 신문과 인터넷 포털 사이트의 뉴스란은 전혀 다릅니다. 종이 신문은 1면부터 마지막 면까지 전체를 스스로 판단하며 훑어볼 수 있습니다. 그것도 짧은 시간 안에요.

반면에 포털 사이트에서 제공하는 뉴스들은 사람들의 시선을 끌 자극적이고 단편적인 기사들이 주를 이룹니다. 자연히 자극적인 제목의 기사나 댓글이 많은 기사를 읽게 됩니다. 그렇지 않은 기사들은 잘 노출되지 않기 때문에 찾아 읽기 쉽지 않지요. 그렇게 필터링된 기사들은 우리의 시야를 좁힐 가능성이 있습니다.

전체적인 시각을 갖추기 위해서는, 그리고 자신이 익숙하지 않은 영역에 문을 열어두고 자극을 받기 위해서는 종이 신문을 읽는 게 좋습니다.

저는 종이 신문 읽는 것을 무척 좋아합니다. 사실 제게 종이 신문 읽기는 일종의 정보 사냥입니다. 종이 신문을 펼쳐 처음부터 끝까지 읽으면 정치, 경제, 사회, 문화 등 전체의 모습을 파악할 수 있습니다. 정보의 편식이 없습니다. 인터넷 포털 사이트를 통한 뉴스는 이런 면에서 경쟁 대상이 될 수 없습니다. 뉴스 몇 개를 뽑아서 읽는 것과 전체 맥락 속에서 읽는 것은 차이가 크지요.

종이 신문에서 아주 작게 처리된 구석 기사들이 의외로 현재의 트렌드를 파악하거나 미래를 전망하는 데 의미 있는 기사일 수 있습니다. 종이를 넘기면서 기사를 읽는 것은 짧은 시간 안에 굵직한 정보만이 아니라 작더라도 의미 있는 정보를 함께 처리할 수 있는 효과적인 방법입니다.

제가 종이 신문을 고집하는 또 한 가지 이유는 이른바 '정보 복습' 때문입니다. 신문을 다 읽고 나서 의미 있는 기사는 찢어서 갖고 다니면서 한 번 더 읽거나 그 기사와 관련해 홈페이지나 블로그 등에 제 의견을 정리해 봅니다. 정보의 복습은 기사의 전후 맥락과 유용한 활용을 위해 꼭 필요한 일인데, 이는 종이 신문을 통하는 것이 더 효과적이지요.

구식이라는 소리를 듣더라도 저는 앞으로도 계속해서 종이 신문을 구독할 것이고, 신문을 통해 정보를 취득하는 방법과 활용하는 방법을 계속 활용할 것입니다.

어떤 기술이나 서비스가 유행하더라도 그걸 활용하는 데는 좀더 깊은 생각이 필요합니다. 대부분이 디지털 기기를 사용하여 정보를 찾는다고 해서 나까지 거기에 정보 수집을 의존할 필요는 없지요. 여러 방법을 잘 비교해서 어느 것이 진정 효과적인지를 꼼꼼히 살펴봐야 합니다.

일정한 '연습량'* 쌓기

Gong's definition
양이 질을 결정한다. 도전이 쌓여갈수록 기회도 늘어난다.

▶ 저는 초청 강연을 자주 하는 편입니다. 저를 다른 강연자들과 구분한다면, 다양한 주제를 다룰 수 있고 초청하는 측의 요구를 충분히 수용하는 '맞춤형 강연'을 한다는 점일 것입니다. 일종의 컨설팅 성격의 강연이라고 보시면 됩니다.

다양한 주제의 강연록을 만들면서, 그리고 다양한 주제의 책을 집필하면서 경험하는 것이 있습니다. 하나하나의 프로젝트를 통해 제 뇌 속에 콘텐츠를 생산하는 정교한 공장이 자리를 잡아간다는 것입니다.

프로젝트가 늘어나면 늘어날수록 공장은 점점 고도화되고, 많은 콘텐츠를 쏟아낼 수 있게 됩니다. 그래서 저는 한 번도 해보지 않은 강연도 과감하게 시도합니다. 그런 강연이 또다른 지식의 지평을 확

대해 주고 두뇌 속의 지식 공장을 발전시켜 주기 때문입니다.

그동안의 경험은 어떤 프로젝트라도 버릴 것이 없음을 가르쳐주었습니다. 그래서 저는 양이 질을 결정한다는 데 대해 확고한 믿음을 갖게 되었습니다. 일정한 '연습량'이 반드시 필요하다는 말입니다.

바흐는 무슨 일이 있어도 매주 한 편의 칸타타를 작곡했고, 모차르트는 600편 이상의 곡을 작곡했습니다. 프로이트는 650편 이상의 논문을 발표했고, 피카소는 평생 2만 점 이상의 작품을 완성했습니다.

물론 그 많은 작품이나 논문이 모두 걸작이었거나 뛰어나지는 않았겠죠. 졸작이라 할 만한 것들도 섞여 있을 것입니다. 하지만 그렇게 많은 작품 활동과 연구를 했기 때문에 훌륭한 작품과 논문 역시 많이 나올 수 있었고, 인류 역사에 발자취를 남길 수 있었던 것이리라 믿습니다.

이 세상 모든 일에서 양이 질을 결정한다고 생각합니다. 사업도 마찬가지입니다. 자꾸 모색하다 보면 좋은 아이템을 잡을 수 있습니다. 자꾸 시도해 봐야 합니다. 그리고 작은 성과라도 자꾸 내봐야 합니다. 그래야 큰 성과를 거둘 수 있는 노하우가 쌓입니다.

단, 무분별하게 벌리라는 이야기는 아닙니다. 이것저것 시작은 하고 끝맺음이 없으면 안 됩니다. 좋은 아이디어이고 시작하는 데 큰 경제적 부담이 따르지 않는다면 도전해 보는 것이 필요합니다.

저의 경우는 단출한 사업이긴 하지만 계속해서 새로운 아이디어를 실험해 왔습니다. 10여 년 전에 엉성한 홈페이지를 기초로 시작한 저의 활동은 이제 라디오나 텔레비전이라는 이름으로 음성과 동영상까지 제공하고 있습니다.

초청 강연만 하다가, 특정 주제를 정해서 정해진 날짜에 강연을 하는 자기경영 아카데미도 만들었지요. 그 대상도 일반인에서 시작해서 중학생, 고등학생, 초등학생으로 확대해 왔습니다. 강연 주제도 공부법에 시작해서 실용서 쓰는 법, 강연 콘텐츠 제작법, 탁월한 부모 되는 법 등으로 확대하고 있습니다.

모든 도전은 그 일의 본질과 직간접적으로 연결된 것에 한해서 이루어져야 합니다. 도전 프로젝트 가운데 기대를 만족시키는 것도 있지만 그렇지 못한 것들도 있게 마련이지요.

그렇더라도 모든 것이 학습 과정이므로 계속해서 횡으로 종으로 자신의 영역을 확장하고 심화시켜 나가야 합니다. 그러다 보면 전혀 예기치 못한 기회들을 만나는 경우도 많습니다. 그런 기회가 새로운 업무 영역을 만들어주는 경우도 자주 있지요.

여러분도 지금 도모하고 있는 일이 있다면 우선 많이 해보세요. 그렇게 경험을 쌓아가다 보면 좋은 성과도 나올 것이고, 새로운 아이디어나 통찰을 얻을 수도 있습니다. 작더라도 열매를 많이 맺는 것이 중요합니다.

032

'동사적 사고'*

Gong's definition

<u>어떤 사물이나 사람에 대해 쉽게 단정짓지 말고 계속해서 묻는 것. 끊임없이 세상에 말을 걸어라.</u>

▶ '동사적 사고'는 '동양의 피터 드러커'라 불리는 노나카 이쿠지로 교수의 『생각을 뛰게 하라』라는 책에 나오는 용어입니다.

그는 일반인과 혁신가의 지식 창조법을 대비시켜 이야기하는데, 그 중 하나가 일반인의 지식 창조가 '명사적 사고'에 기초하고 있다면 혁신가의 지식 창조는 '동사적 사고'에 기초하고 있다는 것입니다.

동사적 사고의 핵심은 명사에 마침표를 찍지 않는 것입니다. 어떤 사물, 즉 사무실은 건물이라는 명사로 규정해 버리고 나면 그것으로 끝나고 맙니다.

하지만 명사를 동사화시키면 사무실은 단순히 일을 하는 공간에 그치는 것이 아니라 활발한 커뮤니케이션이 일어나고 사람들 사이의 관계에서도 변화가 일어날 수 있게 됩니다. 그 결과 사무실은 혁신의 산실로 탈바꿈할 수 있습니다.

결국, 동사적으로 사고한다는 것은 사물이나 현상을 바라보는 관점을 획기적으로 바꾸는 시도를 하는 겁니다.

평소에 제가 동사적 사고를 활용하는 사례를 한 가지 들어보겠습니다. 모임에서 어떤 사람을 만났을 때, 그 사람에 대해 어떤 직장과 어떤 직책의 누구라고 마침표를 찍어버릴 수 있습니다. 그런데 어떤 사람의 특성이나 정체성을 명사를 넘어서 동사로 확대해 보면 전혀 다른 차원에서 접근할 수 있게 됩니다.

얼마 전 '포니 정 혁신상' 시상식이 끝난 후, 만찬 장소에서 하버드 법대 석지영 교수의 아버지인 석창호 박사를 만났습니다. 60대 중반이셨지만 여전히 뉴욕에서 의사 생활을 하고 있는 분이었습니다.

짧은 시간이었지만 제가 '석창호 의학박사 = 석지영 교수 아버지'라고 받아들였다면 가치 있는 만남을 만들어낼 수 없었을 것입니다. 그냥 의례적인 이야기를 주고받고 헤어졌겠지요.

그런데 저는 다르게 접근했습니다. 이분은 어떤 삶을 살았을까? 한국전쟁 당시 남하하여 미국까지 어떻게 가게 되었을까? 자신이 걸어온 인생을 어떻게 바라보고 계실까? 등과 같은 질문을 자연스럽게 던지게 되었습니다.

그에 대한 답으로 1970년대에 미국행을 선택한 이야기부터 따님을 미국 최고 법대의 종신 교수로 만든 이야기까지 들을 수 있었습니다.

이처럼 명사에 머물지 않고 질문을 던지는 것은 동사적 사고를 실천하는 전형적인 사례에 속합니다.

만찬이 끝나고 돌아오는 지하철 안에서 시상식에서 받은 석지영 교수의 자서전을 읽었습니다. 그리고 그날 저녁에 두세 편의 글을 홈페이지와 블로그에 정리해 올림으로써 그날 입수한 정보와 지식을 제 것으로 만들었습니다. 짧은 만남에서 명사적 사고에 머물지 않고 동사적 사고를 활용함으로써 새로운 가치를 만들어낸 것이지요.

사람과의 만남에서만 이런 일들이 일어나는 것은 아닙니다. 지하철에서 만나는 사람들의 행동, 광고 문구들, 거리의 풍경들. 그런 것들을 보고 '광고 문구가 멋지네'라거나 '저 사람은 스마트폰으로 드라마를 보고 있구나' 등과 같이 단정적으로 생각하기보다 나에게 말을 걸어오는 것으로 받아들이면 어떨까요?

사람이든 사물이든 현상이든 모두 대화의 대상으로 삼을 수 있습니다. 그런 대화 속에서 기대하지 않았던 가치가 만들어지기도 하지요. 이처럼 동사적 사고가 지닌 또하나의 큰 장점은 머무름이 아니라 떠남 혹은 활동에 대한 강력한 인센티브를 준다는 사실입니다.

아무리 많은 것을 알고 있으면 무슨 소용이 있을까요? 이를 갖고 실행에 옮길 때 자신과 조직과 세상에 도움이 되는 것을 만들어낼 수 있습니다.

언제 어디서나 세상 사람들이 무심코 넘기는 것에 대해서 말을 걸어보시기 바랍니다. 입으로만이 아니라 마음으로도 물어볼 수 있습니다. 혹은 어떤 대상이 나에게 말을 걸어오는 것으로 가정해 보는 일도 도움이 됩니다. 자꾸 말을 거세요. 자꾸 말을 걸어오는 것처럼 가정해 보세요. 새로운 일들이 일어날 것입니다.

033

건강한 자극*

Gong's definition
제자리에 머물지 않고 조금씩 앞으로 나아가게 하는 힘.

▶ 70대인데도 불구하고 왕성하게 활동하는 두 분을 만난 적이 있습니다. 그분들의 일은 보험 설계사들이 방문할 수 있는 회사에 연락해서 설계사들이 회사 관계자들과 만나는 자리를 마련하는 것이었습니다.

두 분의 업무 성적은 늘 상위 5퍼센트 안에 들었고, 기복이 거의 없었습니다. 같이 일하는 젊은 분들에게는 아버지 혹은 할아버지뻘이니 얼마나 큰 자극이 되었을까요?

저에게도 신선한 충격이었습니다. 평생 해오던 일을 잘 갈고 닦아서 같은 연배의 분들이 은퇴한 지 꽤 지난 시기에도 현역으로 활동하는 것 자체가 놀라움이었지요. '나이는 숫자에 불과하다'는 것을 새삼 깨달았습니다. 조금만 관심을 기울여 주변을 살펴보면 이처럼 신선한 자극을 만날 수 있지요.

자극은 우리가 어떤 일을 하거나 어떤 변화를 일으키게 만드는 동력입니다. 공에 '던지는 힘'이라는 자극을 주어야 날아갈 수 있듯이, 제자리에 머물러 있지 않고 앞으로 조금씩 나아가려면 끊임없이 자극을 받아야 합니다.

살아가는 데 있어 자극이 중요한 이유는 내버려두면 몸과 마음이 굳기 때문입니다. 가만히 있으면 그 상태에 머물러 있을 거라 생각할 수 있지만, 사실은 몸도 마음도 퇴행합니다. 유연성은 모든 생명체의 활력에 필수적이며, 자극은 유연성의 씨앗에 해당합니다.

제가 책을 읽는 중요한 이유는 자극을 얻기 위해서입니다. 주변을 늘 관심 있게 지켜보고 호기심을 갖는 이유도 자극을 받기 위해서입니다. 사람들과 만나 대화하는 것을 즐기는 이유도 자극을 얻기 위해서입니다.

책을 읽는 것도, 트위터를 비롯한 SNS나 블로그 등을 하는 것도 넓은 의미에서 보면 대화를 하는 일입니다. 타인과의 대화는 우리에게 생각할 거리를 던져주지요. 그런 생각에서 자극을 얻을 수 있습니다. 신변잡기를 나누는 대화도 필요하지만, 생각할 거리를 제공하는 대화를 자주 나누어야 합니다. 그래야 신선한 자극을 많이 받을 수 있으니까요.

물론 자극을 받는 데서 그쳐서는 안 되겠지요. 자극에 대해 올바르게 반응하는 것이 더 중요합니다. 홀로코스트에서 살아남은 유대인 의사 빅터 프랭클은 "자극과 반응 사이에는 공간이 있다. 그 공간에 자신의 반응을 선택할 자유와 힘이 있다. 그 반응에 우리의 성장과 행복이 달려 있다"라는 말을 남겼습니다.

같은 자극을 받아도 그에 대한 반응은 사람에 따라 다를 수 있습니다. 외부로부터 받아들인 자극을 스스로를 성장시키는 동력으로 현명하게 활용할 수 있어야 합니다.

저는 늦은 저녁까지 직장인들을 대상으로 강연하는 경우가 많습니다. 퇴근 후에 강연에 참석하여 눈을 반짝이며 듣는 분들을 보면, 그만큼 자신을 성장시킬 자극을 찾아나서는 데 열심인 분이라는 생각이 듭니다.

하지만 같은 강연을 듣는 사람들이라 할지라도 저마다 그 자극의 질과 강도는 다를 것입니다. 열심히 질문하는 분들, 나아가 그 감흥이나 메시지를 기록하는 분들과 스쳐가듯 강연을 듣는 분들이 같을 수 있을까요? 그 자극이 남기는 변화의 가능성 또한 다를 것입니다.

자극이 곧바로 변화로 연결되는 것은 아닙니다. 자극은 일종의 정보 혹은 지식에 불과하지요. 자극은 행동으로 연결될 때 쓸모가 있습니다. 깨달음만 얻는 사람은 그렇지 않은 사람에 비해서야 낫겠지만 크게 도움은 되지 않습니다.

가능한 한 자극을 실천으로 옮겨 쓸모 있는 것으로 바꾸도록 해야 합니다. 아이디어를 만들어내거나, 통찰을 얻거나, 문제의 해법을 찾아내거나, 미래를 전망하는 데 활용할 수 있어야 합니다.

잘 쉰다*는 것

Gong's definition

그 순간 나에게 가장 맞는 방식으로 에너지를 충전하는 시간. 휴식에도 나만의 정의가 필요하다.

▶ OECD 통계에 따르면 우리나라는 OECD 회원국 가운데, 노동 시간이 가장 긴 나라 중 멕시코 등에 이어 3위를 차지하고 있다고 합니다. 얼마 전 미국의 저명한 경영 저널인 《패스트 컴퍼니》에는 우리나라가 세계 1위의 워커홀릭 국가로 소개되기도 했습니다.

이처럼 우리나라 사람들은 일을 너무 많이 하는 반면 제대로 쉬지 못합니다. '어른들이여, 더 많이 놀아라!' 하고 권하는 사람들도 있지요. 하지만 가정을 이루고 하나하나 생활 기반을 만들어가야 하는 사람들에게 '많이 쉬고 노는 것'이 말처럼 쉬운 게 아닙니다.

현재만 보면 하고 싶은 대로 하며 살겠지만, 미래와 노후를 생각하지 않을 수 없습니다. 거기다 자식들에게 더 나은 교육 기회를 제공해야 한다는 책임감과 의무감도 있지요.

저의 경우에도 20대에는 공부하느라 바빴고, 30대에는 생활 기반을 잡느라 분주했으며, 40대에는 아이들 교육비를 대느라 정신이 없었습니다. 그래서 주말에도 쉬는 시간을 자주 가질 수 없었지요. 주중에는 일터에서 일하고 주말에는 미래를 위해 무엇인가 해야 했습니다.

사람마다 쉬는 것에 대한 정의는 다르겠지만 저의 경우에는 일하는 것과 쉬는 것 사이에 경계가 늘 모호했습니다. 아리스토텔레스는 일하는 것과 쉬는 것을 노동과 여가로 엄격하게 구분하고 있습니다만, 저는 늘 경계선 위에 있었습니다.

다행스러운 일은 제가 20대 이후로 변함없이 무언가를 창작하는 일을 해왔다는 점입니다. 창작과 관련된 정보와 지식을 모으고 이를 가공하는 일은 전통적인 의미로 쉬는 일은 아니지만 하기에 따라 얼마든지 쉬는 일의 특성을 활용할 수 있습니다.

책을 쓰는 일이나 원고를 쓰는 일, 그리고 책을 읽는 일과 아이디어를 만들어내는 일은 분명히 일이지만, 그 속에 창작하는 즐거움이 들어 있기 때문에 일반적인 여가의 즐거움에 비교해 보더라도 크게 떨어지지 않습니다.

'주말에 푹 쉬지 못했던 것이 후회되지는 않습니까?'라는 질문을 받을 때도 있고, 저 스스로 비슷한 질문을 던져볼 때도 있습니다.

그럴 때면 떠오르는 답은 이렇습니다. 사람이 모든 것을 다 하고 누릴 수는 없는 일이지요. 어떤 것을 꼭 해야 한다는 생각이 들면 그것을 하면서 사는 겁니다. 하나를 포기하면 또다른 것을 얻을 수 있으니까요.

30~40대 무렵 주말은 현재의 즐거움보다는 미래를 준비하는 데 더 비중을 두고 보냈습니다. 지금 그런 선택에 대해 후회는 없습니다. 그것이 그때 제가 해야 하는 일이었으니까요.

세속의 기준이 아니라 자신에게 맞는 쉬는 방법을 찾는 게 바람직합니다. 어떤 사람에게는 현실 생활을 떠나 자연 속에서 긴 시간을 가져야 쉬는 것일 수 있고, 어떤 사람에게는 번화한 도시에서 새로운 환경을 접하는 것이 쉬는 것일 수 있고, 또 어떤 사람에게는 공부가 쉬는 것일 수도 있습니다.

저처럼 늘 무언가를 준비하면서 보내는 사람이라면 많은 시간과 비용을 들이지 않고도 휴식하거나 즐기는 방법이 있습니다. 예를 들어, 물리적으로 휴가를 떠나지 않더라도 주말 오후에 몇 시간 동안 거실에 앉아서 큼직한 화보집을 통해 잠시 그리스로, 터키로, 잉카로, 하와이로 떠날 수 있지요.

그 방법이 무엇이든 단순히 오래 쉬어야 제 맛이 아니라 제대로 쉬는 게 중요합니다. 어영부영 시간을 보내지 말고, 지금 자신에게 필요한 쉰다는 것의 성격과 방향을 정하고 그에 따라 계획을 세워서 알차게 보내세요. 자신과 가족의 영혼과 삶에 진정한 충전이 될 수 있도록요.

부지런히 여행*하기

Gong's definition

준비하는 삶에서 누리는 삶으로의 가장 좋은 실천 방법. 떠날 수 있을 때 부지런히 떠나보라.

▶ 우리가 지상에 머무는 시간은 참 짧지요. 고대 로마의 철학자 세네카는 "타고난 수명이 짧은 데다, 우리에게 주어진 기간마저 너무나 빨리 지나가므로 극소수를 제외한 사람들은 인생을 준비하다가 인생을 떠나게 된다"고 말하기도 했습니다.

준비하다가 마치는 삶이 아니라 온전히 누리는 삶을 사는 방법이 여행이라고 생각합니다. 여행은 경험해 보지 않은 세계로 우리를 이끕니다. 그곳에는 즐거움과 감동, 만남과 배움이 있지요.

저는 여행을 좋아하고, 자주 합니다. 그중에서도 특히 인간의 손길이 닿지 않은 자연이 펼쳐진 곳을 여행하는 것을 좋아합니다. 인공미가 더해진 곳은 가벼운 추억거리로 남지만, 광활한 자연이 펼쳐진 곳은 오랫동안 깊은 인상을 남깁니다. 아울러 인간이 자연의 일부라는

"여행을 떠날 각오가 되어 있는 사람만이 자기를 묶고 있는 속박에서 벗어날 수 있다."

—헤르만 헤세

사실을 실감하게 되지요. 대자연에 비하면 인간은 작은 존재라는 사실을 다시 한 번 느끼며 겸손한 마음을 갖게 되기도 하고요.

지난 봄에도 그런 곳을 여행했습니다. 5월의 어느 날, 저희 부부는 로스앤젤레스 공항에서 자동차를 빌려 타고 내비게이션과 구글 지도를 이용해서 데스밸리로 향했습니다. 모하비 사막을 지나서 데스밸리에 접근할 때까지는 황량한 자연만이 펼쳐져 있었습니다. 그러나 크고 작은 밸리들과 주변 풍광을 보는 것만으로도 멋진 시간이었죠.

데스밸리에서는 극한의 자연환경에서 볼 수 있는 이국적인 풍경과 그 속에서 생명을 이어가는 동식물들의 강인한 삶을 확인할 수 있었습니다. 잠시 동안 실외에 머무르는 것도 힘들 정도로 극도로 덥고 메마른 그곳에서도 식물은 자라고 있었습니다. 푸석푸석한 땅에 어렵사리 뿌리를 내린 키 작은 식물들은 생존이란 주제와 관련해서 묘한 감동을 주었습니다.

데스밸리에서 라스베이거스로 이동한 후 요세미티 국립공원으로 향했습니다. 라스베이거스에서 서북쪽으로 향하는 95번 도로를 택했는데, 여덟 시간 정도 걸리는 그 길은 베티라는 작은 도시를 제외하면 가도 가도 광활한 사막과 황량한 대지뿐이었습니다.

물과 먹을 것이 전혀 존재하지 않을 것 같은 오지에서도 동식물의 생존을 향한 투쟁을 두 눈으로 확인할 수 있었지요.

매번 이런 여행길에서 그래도 우리는 좋은 시대에 나서 살아간다는 생각을 해봅니다. 광활한 자연에서 삶의 유한성을 깊이 자각하기도 하고요.

오래전에 인간은 이런 척박한 땅을 가로질러 길을 닦고 문명의 주춧돌을 하나하나 쌓았습니다. 어떤 사람은 금을 찾아서, 어떤 사람은 광산을 찾아서, 또 어떤 사람은 인생 역전을 꿈꾸며 사막을 건너 서쪽으로 이동했을 것입니다. 이 길을 걸었던 사람들의 노고 덕분에 지금 우리는 단 몇 시간 만에 자동차로 공간을 이동해 갑니다.

미국 서부 여행에 비할 바는 아니지만, 유럽 여행에서 그런 황량함을 느낄 수 있었던 곳은 이탈리아의 시칠리아 섬이었습니다. 고대 로마의 곡창 지대였던 시칠리아 중부는 지금은 거의 버려진 곳입니다.

심하게 굽이치는 땅 위에 놓인 도로를 달리다 보면 아슬아슬함을 느낍니다. 도로변으로는 황무지가 끝없이 펼쳐집니다. 시칠리아는 다양한 문명이 부침을 거듭한 곳이어서 역사 유적도 아주 많습니다. 인상 깊던 황량한 풍광 때문에라도 언젠가 꼭 다시 가보고 싶은 곳입니다.

저는 젊은 분들을 만나면 이런 조언을 자주 합니다. "여행도 힘 있을 때 하는 거니까 젊었을 때 부지런히 다니세요."

좀 한가해지면, 은퇴하면, 이렇게 미루다 보면 여행은 가기 힘듭니다. 가고 싶은 곳이 있으면 훌쩍 떠나세요. 꼭 긴 시간과 많은 돈이 있어야 여행을 갈 수 있는 것은 아닙니다.

언젠가 완벽한 준비가 갖춰지면 여행을 다닐 거라고 생각하는 분들도 있겠지만, 여행에 관한 한 시간과 돈 모두에서 완벽한 준비는 쉽지 않습니다. 준비하는 삶뿐만 아니라 '누리는 삶'을 실천에 옮겨보는 일도 값진 선택일 것입니다.

우리가 지상에 머무는 시간은 짧지만, 그 시간 동안 인류가 남긴 흔적들과 자연 환경을 최대한 많이 보고 즐기고 갈 수 있다면 충만한 삶이 아닐까요?

이따금 저는 흘러간 시간들을 떠올려보면 인상 깊었던 몇 장의 슬라이드로 정리되곤 합니다. 그런데 그 슬라이드 중에 가장 많은 부분을 차지하는 것이 여행과 관련된 추억입니다. 일상에서 얻을 수 없는 큰 감동을 받고 두고두고 꺼내 볼 수 있는 추억을 남기는 것만으로도 여행은 충분히 가치가 있지 않을까요?

36 부부 사이

37 부모의 유산

38 자식 농사의 기본

39 사람들과의 갈등 관리

40 친구와의 적정 거리

41 거절의 미덕

42 타인에 대한 기본

43 사람을 보는 눈

44 진정한 처세

45 '에너지 뱀파이어' 주의보

46 나를 보호하는 법

47 남자의 실족 방지법

48 멘토 열풍 바로보기

4장
관계 사전
마음을 다하되 건강한 거리를 두라

부부* 사이

Gong's definition

세월과 함께 맞춰가며 얼굴도 성품도 걸음 속도도 닮아가는 두 사람.

▶ 대부분의 사람들은 부모 슬하에서 30년 전후를 보냅니다. 그 후 서로 다른 가정에서 성장한 두 사람이 만나서 함께 인생이라는 긴 항해를 시작합니다.

서른 살쯤 결혼하여 해로한다고 했을 때, 80세까지 살면 50년, 90세까지 살면 60년 정도를 부부로 살아가게 됩니다. 만나서 사랑하고, 아이 낳고, 집을 장만하고, 입신을 위해 노력하고, 아이들을 교육시키고, 출가시키고, 그렇게 늙어갑니다. 결코 짧은 시간이 아니고, 쉬운 일도 아니지요.

요즘은 거래하듯 결혼하는 사람도 있지만 50~60년 이상을 함께한다고 생각해 보세요. 거래로 받아들이기에는 너무나 긴 시간을 함께 살아야 합니다.

저도 아내와 25년째 함께 살고 있습니다. 처음 만나서 사귄 시간까지 포함하면 30년이 넘습니다. 이제는 제 인생에서 아내와 함께한 시간이 그렇지 않은 시간보다 더 깁니다.

몇 해 전, 일본에 강연이 있어 방문하는 길에 아내와 동행했습니다. 강연을 마친 다음, 도쿄의 이곳저곳을 둘러보면서 그림 전시도 감상하고, 맛있는 음식도 먹고, 벤치에 앉아 이야기도 나누며 즐거운 시간을 보냈습니다.

젊어서는 걸음이 빠른 저를 아내가 서둘러 따라오곤 했습니다. 이제는 제가 멈춰서 기다리거나, 걸음 속도를 늦춰서 천천히 걷기도 합니다.

이따금 함께 살면서 아내가 목소리를 높이거나 화를 낸 적이 있었던가 생각해 봅니다. 자주 목소리를 높이는 남편과 함께 살면서 아내도 함께 목소리를 높였다면 결혼 생활을 온전히 유지하기 힘들었을 것입니다. '저러다 말겠지'라는 아내의 관대함과 현명함은 늘 승리를 거두었습니다.

이렇게 서로 맞춰가고 서로의 단점을 커버해 주면서 세월과 함께 얼굴도 성품도 닮아가는 게 부부라고 생각합니다.

부부가 닮거나 공유하는 부분이 많으면 행복한 결혼 생활을 하는 데 도움이 되겠지요. 가정을 이룬 다음 무엇을 향해 나아갈 것인지, 어떤 부분을 가정생활에서 중시할 것인지, 아이들을 어떻게 키울 것인지, 씀씀이는 어느 정도로 하며 어디에 돈을 쓸 것인지 등…….

이런 질문들 가운데 많은 부분이 한 인간의 기질과 관련된 것들입니다. 그러니 기질 자체가 서로 잘 맞는 사람들이 가족을 이루고 살아가는 것은 대단한 행운입니다.

그러나 그보다 더 중요한 것은 결혼 이후의 노력이라고 생각합니다. 훌륭한 가정을 만들겠다는 굳은 결심과 이를 실행에 옮기려는 노력을 두 사람이 함께 실천하는 것이 중요하지요. 다른 분들도 마찬가지겠지만 저는 인생의 이른 시점부터 가정과 자식에 대해서 최선을 다해야겠다고 생각했습니다.

서로 권리만 내세우고 책임을 지지 않으려 하면 결혼 생활이 흔들립니다. 내가 책임져야 할 것은 무엇인가? 상대방을 위해 해주어야 할 것은 무엇인가? 이런 질문들에 대한 답을 구하기란 어렵지 않습니다. 그 답에 따라 행동하면 성공적인 결혼 생활이 가능합니다.

일본 여행길에서 만난 한 분의 말씀이 생각납니다. 안정적인 월급생활을 접고 외국에서 사업으로 새로운 인생을 시작하는 남편에게 아내의 대답은 '절대 안 돼'가 아니었다고 합니다. 바로 "내가 생활비를 조금은 벌 수 있으니까 당신이 하고 싶은 대로 해봐요"라고 합니다.

그 덕분에 그분은 낯선 땅에서 새로운 길을 개척할 수 있었다고 하더군요.

인생에서 훌륭한 배우자를 만나고, 훌륭한 배우자가 되는 것은 아주 중요한 일입니다. 그것은 진심과 배려를 통해 가능한 일이라고 생각하고요.

037

부모*의 유산

Gong's definition

그들도 불완전한 존재였을 뿐. 다만 이해하고 감사하라, 사랑하라.

▶ 요즘 앞날의 막막함 때문에 부모를 원망하는 젊은이들이 적지 않다는 이야기를 듣습니다. 솔직히 저는 좀 이해하기가 힘듭니다.

저의 20대도 불확실함을 기준으로 보면 막막함 그 자체였습니다. 하지만 저는 '어떻게 하면 부모님께 신세를 지지 않을까'를 늘 생각했습니다. 부모님의 삶은 부모님의 것이고 내 삶은 나의 것이라는 생각이 분명했기 때문입니다.

늙은 아들이 90대의 아버지를 모시고 선산을 찾는 다큐멘터리를 본 적이 있습니다. 그 아버지는 두루마기에 갓을 쓰고 있었습니다. 산소에서 절을 마친 다음, 아버지는 가난한 시절에 부모가 자식들을 위해 얼마나 고생하고 애를 썼는지를 회상하며 울먹였습니다. 그 광경을 보면서 '부모는 저런 존재지……' 하고 생각했습니다.

아버지나 어머니에 대해 애증을 가진 사람들도 더러 있을 것입니다. 부모도 인간이기에 불완전한 존재일 수밖에 없고, 자식에게 상처를 줄 수도 있습니다. 실수할 수도 있습니다. 그러나 설령 부모가 실수를 했다 해도 자식은 이해하고 안을 수 있어야 합니다. 어렸을 때 부모가 자식을 키우고 이해하고 격려했던 것처럼 늙어가는 부모를 이해하고 챙기는 일은 자식의 몫입니다.

멸치잡이 어업을 했던 제 선친은 불확실한 자연 환경과 싸우며 평생을 사셨습니다. 40대에는 의욕이 넘친 나머지 사업을 지나치게 확장했다가 어려움을 겪기도 하셨죠.

그 당시 아버지가 재기하기 위해 얼마나 힘들었을까? 어머니가 그 모든 것을 받아들이고 이겨내는 것은 얼마나 힘들었을까? 지금도 그

시절을 생각하면 가슴이 울렁거리고 눈물이 납니다.

당시에는 가족 모두가 그 상황을 타개하기 위해 힘겹게 노력해야 했지만, 세월이 흐른 지금은 그 고난이 제 평생의 지렛대가 되었다고 생각합니다.

부모가 힘든 시기를 이겨내려 애쓰는 것만큼 자식들의 삶에 강한 추진력을 제공하는 것은 없다고 생각합니다. 대학 시절 아버지의 사업부도로 일찍 철이 들어 열심히 산 저처럼요.

구소련의 마지막 대통령인 고르바초프의 자서전 『선택』에는 전쟁이 아이들을 어떻게 바꿔놓는가에 대해 '전쟁을 겪으며 어린아이들은 갑자기 어른이 돼버렸다'라는 표현이 있습니다. 이처럼 고난과 역경도 어떻게 받아들이고 선용하느냐에 따라 다릅니다.

저는 앞 세대의 이야기를 아이들과 자주 나누는 편입니다. 그런 희생 위에 우리가 이렇게 살고 있다고, 더 많이 누리는 사람들이 더 많이 희생하고 헌신해야 한다는 것은 거부할 수 없는 삶의 의무라는 이야기를 자주 나눕니다.

무엇보다 아버지도 결점을 가진 인간이라는 이야기를 해줍니다. 그런 결점을 어떻게 갖게 되었는지에 대해서도 허심탄회하게 말하고, 이따금 그런 성정이 바깥으로 드러나는 데 대해서 양해를 구합니다.

또한 저는 아버지의 직업 세계가 가진 애환을 아이들에게 솔직히 털어놓는 편입니다. 나이든 상사들의 고충에 대한 이야기도 자주 들려줍니다. 그래서 직장 생활에서 타인을 더 많이 이해하고 그들의 입장에서 생각하도록 조언합니다.

저의 부모님은 많이 배운 분들은 아니셨습니다. 당시의 어른들 대부분 그렇듯이 초등학교를 겨우 졸업하셨지요. 그러나 그분들은 저에게 어떤 상황에 처하든 세상을 원망하지 않고 스스로 삶을 일궈야 한다는 강한 정신적 기백을 심어주셨습니다.

훗날 제가 성장하면서 개인적 선택에 대한 믿음을 갖고 인간의 자립과 자존에 대해 믿음을 갖게 된 것도 부모님이 남긴 유산입니다.

긍정의 유산이든 부정의 유산이든 부모님이 남긴 유산을 용광로에 녹여서 가장 긍정적인 방식으로 활용하면 됩니다. 그리고 우리 자신이 자녀들에게 좋은 유산을 남길 수 있도록 노력하면 됩니다.

038

자식 농사*의 기본

Gong's definition
부모의 기대처럼, 노력한 것처럼 되지 않는 일.

▶ 어니스트 헤밍웨이, 윈스턴 처칠, 마하트마 간디, 폴 고갱, 토머스 에디슨 등은 모두 걸출한 인물이었지만 자식 농사에서는 참담한 실패를 맛본 사람들입니다. 이처럼 그 어떤 농사보다 힘든 것이 자식 농사입니다.

한 동네에서 20여 년을 살다 보면 어릴 때 만난 아이들이 청년이 되어 저마다 길을 개척해 가는 모습을 지켜볼 수 있습니다. 아직 가야 할 길이 많이 남았기에 단정짓기에 이릅니다만, 부모의 기대 이상으로 선전하는 아이들이 있는 반면 부모의 기대에 고만고만하게 맞추는 친구들도 있습니다. 문제는 부모의 기대를 완전히 저버린 경우죠.

이때 부모가 도움을 줄 수 있습니다. 어린 나이에 아이들은 올바른 인생이 어떤 인생인지, 어떻게 사는 것이 멋진 인생인지를 궁금해 하게 마련입니다.

이러한 자식들에게 부모가 높은 기대를 갖고 도전하는 삶이 바람직한 인생이라고 기준을 제시해 주는 일이 중요합니다. 선택 가능한 대안들에 대해 이야기해 주는 것, 그리고 성공적인 사람과 그렇지 못한 사람들의 이야기를 들려주는 것만으로도 자식들에게는 큰 동기부여가 되지요.

제 자식 농사에 대해 이야기하는 일은 좀 조심스럽습니다만, 자식을 키울 나이인 여러분들께 저의 경험이 도움이 되었으면 하는 마음으로 제 교육관을 말씀드립니다.

첫째, 아이들이 가능한 한 좋은 교육을 충분히 받을 수 있도록 노력합니다. 금전적인 면에서 보면 쉽지 않을 수 있습니다. 부모 인생에 더 비중을 둘 것인지, 아이 인생에 더 비중을 둘 것인지에 대한 정답은 없습니다.

단, 좋은 교육을 시켜야 한다는 것이 꼭 사교육을 많이 시키라는 이야기는 아닙니다. 부모 입장에서 아이에게 필요하다고 판단될 경우에는 좋은 교육을 충분히 시키자는 것입니다.

사람마다 좋은 교육에 대한 정의는 다를 겁니다. 제가 생각하는 좋은 교육은 이렇습니다. 어느 연령대가 지나면 쉽게 배우기 어려운 것이 있지요. 특히 외국어 교육은 일정 연령대를 지나면 너무 많은 노력과 희생이 요구됩니다. 그러니 시기에 맞는 교육을 시키는 것이 바람직합니다.

저의 40대 시절 휴가는 아이들이 다니는 학교 방문으로 채워졌습니다. 뉴욕 공항에 내려 새벽녘에, 때로는 한밤중에 아이들을 찾아 고속도로를 달리는 길은 고되기도 했지만, 자식을 키우면서 제가 맛보았던 최고의 시간이었습니다. 그때 이런 생각을 했습니다. 내가 더 많은 성취를 하는 것도 중요하지만 아이들과 함께하는 그런 시간이 언제 다시 나에게 오겠나 하는 생각이요.

둘째로, 저는 자식들에게 전통적인 공부 방법을 강조합니다. 특히 독서를 많이 할 수 있도록 격려합니다. 읽으면 생각하는 힘을 가질 수 있고, 생각할 수 있어야 혁신할 수 있고, 창조하는 인물이 될 수 있습니다.

글쓰기 또한 강조합니다. 언제 시간이 되면 제 아이들이 운영하는 블로그인 '궁금한 조지(blog.naver.com/cgeorge07)'를 방문해 보시기 바랍니다. 거기에는 꽤 긴 시간 동안 읽고 쓰는 능력을 스스로 훈련한 아이들의 흔적이 남아 있습니다.

셋째로, 아이가 강한 사람이 되고 올바른 인성을 갖출 수 있도록 독려합니다. 사실 이것은 학업 차원의 교육이 아니라 하나의 사람을 만드는 교육에서 가장 중요한 점이지요. 아이들이 우는 소리를 하면 저는 분명히 얘기해 줍니다. 사는 일은 쉽지 않다고. 그리고 미래를 위해서는 현재 비용을 지불해야 한다고요.

아울러 '정중하게 사람을 대하자' '상대방의 입장에서 생각하자' '늘 감사를 표현하자' '반듯하게 말하고 반듯하게 행동하자' '언제나 최선을 다하자' 같은 이야기를 반복합니다. 인성은 습관 위에 구축되는 건물입니다. 가정에서부터 좋은 습관을 기르면 좋은 인성을 갖출 수 있습니다.

마지막으로, 어머니뿐만 아니라 아버지도 아이들의 교육에서 중요한 역할을 해야 합니다. 엄마가 해줄 수 있는 것도 있지만 아버지가 해주어야 할 몫이 분명히 있습니다.

저는 아이들과 식탁에서 다양한 이야기를 나눕니다. 각자의 일상에 대해, 즐거운 일이나 고민거리에 대해, 그리고 우리 사회에서 일어나는 굵직굵직한 일들에 대해 서로 의견을 나누지요.

자연히 '어떻게 살 것인지? 무엇을 하며 살 것인지? 어떤 것이 올바른 일인지?' 등에 대해 함께 생각하며 가능한 한 넓은 시야와 안목을 가질 수 있도록 노력합니다. 좁은 시야와 안목 때문에 치르게 되는 비용이 만만치 않음을 제 인생을 통해서 경험했기 때문입니다.

039
사람들과의 **갈등*** 관리

Gong's definition
누군가는 더 대가를 치러야 해결되는 일.

 "아버지, 정시에 깨워달라고 했잖아요. 그런데 왜 자꾸 5분 전에 깨우시는 거예요? 제가 여러 번 말씀드렸잖아요."

아침에 깨우는 문제를 두고 아들과 충돌이 일어났던 때가 있습니다. 저는 다섯 시에 일어나려면 5분 전부터 몸과 마음을 시운전해야 한다고 믿고 살아왔습니다. 반면에 아들은 다섯 시 기상은 정확히 다섯 시 기상을 뜻한다고 믿고 성장해 왔지요. 저는 "내일부터 그렇게 하마. 정각에 깨울게"라고 서둘러 충돌을 봉합했습니다.

이처럼 두 사람 이상의 사이에는 갈등 관리가 필요합니다. 사소한 차이인 경우, 한쪽이 신속하게 양보하면 갈등은 생기지 않습니다. 양쪽이 강경하게 맞대응할 때 갈등이 커집니다. 부부의 경우를 보겠습니다.

남편과 아내 모두 커리어에 대한 욕심이 아주 강하다고 합시다. 아이를 낳아서 키우는 일은 만만치 않은 일이지요. 그런데 아이를 낳고도 아내가 커리어를 늦출 생각이 없다면 어떻게 될까요?

두 가지 상황이 일어날 수 있습니다. 남편이 육아를 분담하며 적극적으로 아내의 부담을 덜어주려고 결심하고 행동하면 갈등은 생기지 않습니다. 그런데 남편이 아내가 일을 잠시 쉬거나 일의 강도를 줄여 육아에 전념해야 한다고 주장한다면 갈등이 생길 수밖에 없습니다.

시카고 대학교 교수인 다리오 마에스트리피에리는 『영장류 게임』이란 책에서 부부 사이의 갈등 관리에 대해 정곡을 찌르는 조언을 합니다. 그 핵심은 '안정된 결혼의 비밀은 결국 부부 중 한 사람이 그 대가를 훨씬 더 많이 치를 자세가 되어 있어야 한다는 데 있다'는 것입니다.

좋은 사례로 영국의 엘리자베스 2세 부부를 들고 싶습니다. 엘리자베스 여왕의 자서전을 읽다 보면 남편 필립 공의 선택에 주목하게 됩니다. 몰락한 그리스 왕가 출신의 그는 여왕을 아내로 선택할 때 국정 수행을 최대한 지원하기로 스스로 맹세합니다. 자녀 양육과 자선 활동을 자신의 임무로 생각하고 최선을 다하지요. 필립 공이 여왕을 위해 양보하기로 결심하고 실천했기에 오랫동안 안정적인 결혼 생활을 지속할 수 있었을 것입니다.

작은 차이로 인한 갈등은 봉합할 수 있지만, 근본적인 차이, 즉 두 사람이 무엇을 추구하는지, 무엇을 더 중요하다고 생각하는지에서 부딪치면 이를 메울 방법은 찾기 힘듭니다.

그래서 저는 배우자를 선택할 나이에 접어드는 아이들에게 이렇게 조언합니다. 자신이 추구하는 꿈과 희망, 그리고 목표에 충분히 동의하고, 이를 적극적으로 추구하면서 동행할 수 있는 배우자를 구해야 한다고요. 이런 근본적인 부분에서 격차가 발생하면 부부는 작은 데서부터 갈등을 빚을 수밖에 없습니다.

그래도 가정의 갈등 관리는 가족이란 토대가 있기 때문에 상대적으로 나은 편입니다. 타인과 더불어 긴 시간을 보내야 하는 조직 생활에서 갈등 관리는 또다른 차원의 문제입니다.

조직 생활에서 갈등 관리는 조금 더 힘듭니다. 사람들이 저마다 생각이 다르기 때문이지요. 거기에다 부서 간의 이익이 충돌하기도 하기 때문에 갈등은 복잡한 양상을 띱니다.

조직 생활에서 다음 사항을 염두에 두면 갈등 관리에 효과를 거둘 수 있을 것입니다.

첫째, 함께 추구하는 목표가 무엇인지를 자주 상기합니다. 갈등이 일어날 법한 회의를 시작하기 전이나 진행 중에 "우리가 추구하는 목표가 무엇입니까?"라는 식으로 서로에게 상기시키는 것이죠.

둘째, 윗선의 사람들이 대의를 생각하고 넓게 문제를 바라봐야 합니다. 갈등을 빚는 부서를 대표하는 사람들이 부서의 이익을 넘어서 조직 전체의 이익을 더 깊이 생각하면 갈등의 봉합에 도움이 되겠죠.

셋째, 상대방의 감정을 상하지 않도록 해야 합니다. 끝까지 이성적인 접근이 필요합니다. '상대 또한 더 나은 결과를 위해 저런 의견을 내놓는 것이다'라고 생각하며 대하는 것입니다.

넷째, 완고함은 금물입니다. 갈등이 계속되면 때로는 쌍방이 주고받는 양보를 통해 합의점을 찾아낼 수 있습니다. 이때 한쪽이 지나치게 완고하면 문제가 커지겠지요

다섯째, 상대방에게 불신을 줄 수 있는 행동을 해서는 안 됩니다. 뒷담화 등 신뢰를 손상시킬 수 있는 일에 주의하고, 더 적극적으로는 상대방의 입장에서 신뢰를 구축할 수 있도록 노력해야 합니다.

여섯째, 팽팽한 갈등이 지속되고 도저히 해결의 실마리가 보이지 않는다면 최후의 수단은 어느 한쪽이 전적으로 양보하는 것입니다.

친구*와의 적정 거리

Gong's definition

오랜 친구를 가진 것은 인생의 크나큰 복.
그러나 늘 영원할 순 없다.

▶ '다른 모든 좋은 것을 다 가졌다 해도 친구가 없는 삶은 그 누구도 선택하지 않을 것이다.' 아리스토텔레스의 『니코마코스 윤리학』에 나오는 말입니다. 오래된 친구를 가진 사람은 행운아지요. 친구 관계가 수십 년간 변함없이 계속되는 것은 소중하고 대단한 일입니다.

여러분은 친구 하면 어떤 사람들이 떠오르나요? 떠올리기만 해도 유쾌한 친구가 있고, 불편함이나 씁쓸함을 안겨주는 친구도 있습니다.

A는 사회생활을 하면서 만난 친구입니다. 알고 지낸 지가 20년이 넘었습니다. 조금 까다로운 친구이긴 했지만 서로 도움을 주고받으며 지냈습니다. 친하게 지내다 보면 서로에게 기대하는 감정이 생기지요. '내가 이렇게 하면 상대도 이렇게 하겠지' 하는 식으로 말입니다.

그러던 어느 날 이 친구가 어려운 부탁을 했습니다. 빚보증을 요구한 것이죠. 친척들이 빚보증으로 고통을 겪는 것을 여러 번 보았기 때문에 저는 누구에게도 빚보증을 서 주지 않는다는 원칙이 있었습니다.

고심 끝에 친구에게 해줄 수가 없다고 솔직히 말했습니다. 그다음부터 소식이 끊기고 말았습니다. 제 나름대로 친구도 잃고 돈도 잃는 상황에 빠지지 않기 위함이었는데, 결국 그 친구를 잃고 말았습니다.

B는 대학 때 만난 친구였습니다. 같은 학교를 다니지는 않았고 동아리에서 만나 우정을 나눈 사이였습니다. 그런데 그 친구가 사업차 만난 한 지인이 있었는데, 그가 다니고 있던 회사의 오너가 구속되는 사건이 일어났습니다.

B는 오너에게 우호적인 분위기를 만들기 위해 법조인들이 자주 보는 신문에 구명을 요구하는 칼럼을 쓸 수 있는 인물을 물색했습니다. 그리고 B는 제 허락도 받지 않고 지인에게 '공 박사라면 도움을 줄 수 있을 것'이라고 선뜻 약속했습니다.

가끔 글 쓰는 사람들은 그런 상황에 처할 때가 있습니다. 글 한번 써주는 게 뭐 대수로운 일이냐고 생각할 수 있지만, 저는 엄연히 법을 위반했고 도저히 납득할 수 없는 사건에 대해 '이분이 범법 행위를 했지만 그동안 나라 경제에 이바지해 온 점을 고려해서 선처해 주십시오'라고 칼럼을 쓸 수는 없었습니다.

돈·직위·명예·지조 등 사람마다 중요하게 여기는 게 있지요. 저는 자유의지와 양심에 따라 글을 쓴다고 B를 설득했지만, 그는 도저히 납득하지 못했습니다. B는 '어렵지도 않은 이런 부탁 하나 들어줄 수 없다면 친구는 무슨 친구냐?'라고 생각했던 모양입니다.

이렇게 친구가 실수를 하는 경우가 있습니다. 이때 그것이 상습적인지, 실수인지, 구조적 문제인지를 잘 파악해야 합니다. 무조건 실수를 했다고 해서 바로 야박하게 관계를 끊기보다는 시간을 두고 기다릴 필요도 있습니다. 오랜 친구는 언제 어디서나 구할 수 있는 것이 아니니까요.

물론 제가 실수한 경우도 종종 있습니다. 소소하게는 친구가 여러 번 전화를 걸었는데도 받지 못하고, 바로 연락을 못해서 소원해진 경우도 있습니다. 또한 선의를 가진 친구의 도움을 거절한 까닭에 배은망덕한 사람이 되어버린 경우도 있습니다.

저는 나이가 들수록 친구 관계는 적절한 선을 유지하는 것이 필요하다고 생각합니다. 가능한 한 상대방을 곤란하게 할 수 있는 부탁은 삼가야 합니다. 설령 그런 부탁을 하더라도 상대방 입장에서 의사 결정을 할 수 있는 여지를 주어야 합니다. 친구도 마음은 있으나 해줄 수 없는 경우가 있으니까요.

아리스토텔레스는 친구가 어떤 친구인지를 잘 분별하라는 조언을 했습니다. 유익함의 친구는 유익함이 끝나면 친구 관계도 끝납니다. 즐거움의 친구는 즐거움이 끝나면 친구 관계도 끝납니다.

친하게 지내던 친구와 관계가 다소 소원해지면 저는 '강물처럼 바람처럼'이라는 글귀를 떠올립니다. 친구 사이의 친소 관계도 흐르는 세월이나 환경에 따라 변화할 수 있음을 기꺼이 받아들이지요.

가끔 섭섭한 마음이 들더라도 이내 지워버립니다. 인간관계가 그렇듯 친구 관계도 변하는 것이 자연스럽기 때문입니다.

041

거절*의 미덕

Gong's definition

<u>잠깐의 불편함, 그러나 나와 상대를 위한 기나긴 평화.</u>

▶ 여러분은 거절을 잘하십니까? 주변에 보면 자신이 할 수 없거나 원하지 않는 일을 잘 거절하는 사람들이 있는가 하면, 그러지 못하는 사람들이 있습니다.

제가 아는 한 유명 작가는 일생에 다른 작가의 책에 추천사를 써 준 기억이 몇 번 안 된다고 합니다. 그 정도는 아닙니다만, 저도 추천사 요청을 자주 거절하는 편입니다.

그럴 때마다 좀 힘이 듭니다. 요청하는 사람 입장에서는 거절하는 사람이 야속하게 느껴질 수도 있습니다. 그러나 제 입장에서는 모든 요구를 들어줄 수는 없습니다.

그래서 저는 몇 가지 원칙을 세워서 그 원칙에 맞지 않는다면 정중하고 신속하게 상대에게 거절의 뜻을 전합니다. 미적거린다고 해서 누

가 해결해 줄 문제가 아니기 때문이지요.

그중 한 가지 원칙은 뛰어난 내용의 책이 아니라면 추천서 청탁을 받아들이지 않는다는 것입니다. 글이란 긴 글이든 짧은 글이든 오랫동안 이름을 남기는 일이기 때문입니다.

거절을 못하는 것이 사람 좋은 게 아닙니다. 거절을 못하는 건 그 순간으로 끝나는 문제가 아니지요. 꼬리에 꼬리를 물고 문제가 이어집니다.

자신이 가진 시간이나 에너지를 넘어서는 일을 거절하지 못하고 괴로움을 겪는 사람들을 자주 봅니다. 할 수 없는 일을 거절하지 못하면 본인도 고통을 겪고 상대방에게도 피해를 입히게 되지요. 최악의 경우 관계가 끊어질 수도 있습니다.

거절하는 것이 당장은 미안하게 느껴질 수도 있지만, 결국은 본인과 상대방을 모두 위하는 일입니다. '아니오'라고 말할 수 없다면 타인의 주문에 반응하느라 적지 않은 시간을 보낼 것입니다.

때로는 좀 '칼 같다'는 인상을 줄 수도 있어야 합니다. 할 만한 가치가 없는 일, 자신이 할 필요가 없는 일, 자신이 할 수 없는 일에 대해서는 분명히 '아니오'라고 이야기할 수 있어야 합니다.

한번은 법정에서 한 유명 기업인을 옹호하는 진술을 요청받은 적이 있습니다. 어려운 상황에 처한 분이었고 친분이 있었기 때문에 도와야 하는 상황이었습니다. 그러나 그보다 먼저 그런 진술이 옳은지 아닌지를 따져보았습니다. 상대의 어려움이나 친분보다는 시시비비가 더 중요했죠.

상황이 어떠했든 간에 그분의 판단과 행동에는 문제가 있었다고 생각해서 거절했습니다. 요청하신 분은 섭섭했겠지만, 저의 양심과 지식을 미루어볼 때 하기 힘들었습니다. 이런 경우라면 상대측이 섭섭해 하더라도 어쩔 수 없습니다.

자신의 원칙이나 가치관에 어긋나는데도, 자신이 할 수 없는 일인데도, 마음이 약해서, 정에 이끌려서 거절하지 못하면 안 됩니다. 잠깐은 불편하더라도 안 되는 일은 거절하는 것이 서로를 위해 좋습니다.

거절하는 데 익숙하지 못한 분도 몇 번만 거절을 해보세요. 그렇게 서서히 거절하는 습관을 들여보세요. 인생이 한층 가볍고 맑아질 겁니다.

> "거절하기로 결단하라. 너무 많은 일에 너무나 많은 시간과 노력을 쏟지 않도록 하라. 정작 더 중요한 일을 해야 할 시간을 빼앗기지 않도록 하라."
> ─ 캐머런 건, 『프랭클린처럼 살아보기』

042
타인*에 대한 기본

Gong's definition
내가 대접받고 싶은 대로 상대를 대하라.

▶ 택배를 배달해 준 기사님께 "감사합니다" 인사를 건네고, 상점에서 물건을 사고 나올 때도 "많이 파세요", 고속버스나 비행기에서 내릴 때 기사분이나 승무원에게 "수고하셨습니다"라고 인사를 한다면 어떨까요?

건물에서 문을 열고 나갈 때는 뒤에 올 사람을 생각해서 문을 잡아주고, 자주 보는 사람들과 대화를 할 때도 상대방의 이야기를 먼저 듣고, 관심을 보이고, 존중한다면 어떨까요?

그러면 상대방도 우리에게 같은 태도로 대할 것입니다. 우울과 불쾌감뿐 아니라 친절과 유쾌함도 전염성이 있습니다. 가는 말이 고우면 오는 말도 곱습니다.

우리는 365일 다른 사람들과 섞여서 살아갑니다. 나의 아군이 되어줄 수 있는 것도 사람이고, 어느 순간 나의 적군이 될 수 있는 것도 사람입니다. 기왕이면 모두를 내 아군으로 만드는 게 좋지 않을까요?

꼭 그런 의미가 아니더라도, 세상을 함께 살아가는 사이에 서로에게 좋은 기억과 인상을 남기는 것이 바람직하겠지요.

큰일이 아니라면 가능하면 웃고 넘어가고, 자신은 엄격히 대하더라도 타인에게는 가능한 한 넉넉하게 대하세요. 언짢은 일이 있더라도 '그 양반이 무슨 사정이 있는 모양이지'라고 가급적 이해하도록 노력하세요.

그런데 따뜻한 인사말 한마디 건네는 일이 순간의 결심으로 가능한 것이 아닙니다. 평소에 몸에 배어 있어야 합니다. 이런 행동은 그 사람의 인격과 삶의 원칙을 드러내는 행위입니다.

존중·무례·냉소·비아냥. 이 모든 것은 상호관계에서 생겨납니다. 그것은 마치 메아리와 같습니다. 타인을 향해 그런 행위를 하지만, 숲속의 메아리처럼 자신에게 돌아오지요. 자신에게 행하는 것처럼, 그리고 자신이 대접받았으면 하는 것처럼 상대를 대해야 합니다. 누군가를 정중하게, 귀하게 대하는 것은 스스로를 높이는 일이기도 하지요. 또한 상대가 나를 특별하게 생각하도록 만드는 방법이기도 합니다.

> "내가 남을 속상하게 하고 슬프게 하면 그 사람의 마음에 내가 쓰레기로 남아 있는 것입니다. 그러나 인생을 잘 놀다가 가는 사람은 스스로 꽃송이가 되어 남의 마음에도 향기로 남습니다." ─ 김홍신, 『그게 뭐 어쨌다고』

043
사람*을 보는* 눈

Gong's definition
그 사람의 말이 아니라 그동안 어떻게 살아 왔는가를 살필 것.

▶ 나이가 들어갈수록 좀처럼 누군가에게 푹 빠지는 일이 없습니다. 인간에 대한 믿음이 세월과 함께 조금씩 허물어졌기 때문일 것입니다. 나이를 꽤 먹은 뒤에도 특정 인물에게 빠지는 사람을 보면 순진하다고 생각합니다.

세월을 겪을수록 사람은 변화하기 어려운 존재라는 것을 느낍니다. 그 변화 가능성에 기대를 걸었다가 낭패를 보는 대표적인 경우가 결혼이지요. '나와 함께 살다 보면 멋진 사람이 될 수 있을 거야'라는 믿음을 갖기 쉽지만, 이는 환상에 지나지 않습니다.

사회생활에서 만나는 사람들도 마찬가지입니다. 거래를 할 때, 결론을 미리 정해놓으면 이를 성사시키기 위해 상대방의 좋은 점만을 보려 노력합니다. 그러면 '눈에 뭐가 씐' 것처럼 상대방을 잘못 판단하게 되지요.

많은 사람들을 대하는 대기업 총수들조차 금고 지기 역할을 하는 사람의 배신 때문에 곤혹을 치르는 걸 보면 사람을 판단하는 일은 무척 힘이 드는구나 하는 생각을 하게 됩니다.

그래서 관상 보는 법을 배우는 사람도 있지만, 오래전에 유행했던 골상학과 마찬가지로 얼마나 신빙성이 있을지는 의문입니다. 그러나 통계적인 사실은 의미가 있습니다. 경험에서 생긴 패턴은 어느 정도 신뢰할 수 있으니까요.

사람을 보는 능력은 교과서로 배울 수 있는 것이 아니고, 경험과 시행착오를 통해서 조금씩 생깁니다.

어떤 사람이 필요 이상으로 과묵하거나 필요 이상으로 수다스럽다면 자신의 약점을 숨기려 하는 경우가 많다는 것을 자주 확인합니다. 사람을 유심히 살피다 보면 그를 판단할 수 있는 작은 단서들을 찾아낼 수 있지요. 이런 단서들과 직간접으로 관련된 일들이 반복되면 그냥 넘어가서는 안 됩니다.

사람이 변화하기 어렵다는 사실을 기억하면 사람을 변별하는 일이 그렇게 어려운 것만은 아닙니다. 그동안 어떤 일을 해왔으며 그 성과는 어땠는지를 찬찬히 살펴보면 상대방의 말에 놀아날 가능성을 크게 줄일 수 있지요.

C씨는 제법 성공한 사업가입니다. 업계에서는 알아줄 정도지요. 그러나 저는 그를 만나면서 지나치게 자기 이익에만 충실한 사람이라는 인상을 지울 수 없었습니다.

몇 해 전, 그 사람의 요구를 들어줄 수 없는 상황이 있었습니다. 그 후 오랫동안 소식이 끊어졌습니다. 그때 제가 C씨에 대해 가졌던 '나이에 걸맞지 않게 자기 이속에 지나치게 민첩한 사람이구나' 하는 생각을 확인하게 되었지요. 그 일로 인해 저는 마음을 상당 부분 정리했고, 상대가 눈치 채지 못하겠지만 어느 정도 선을 긋고 지냅니다.

D씨는 한때 장안을 떠들썩하게 할 정도로 수완이 좋은 사람입니다. 훤칠한 용모에 달변으로 많은 사람들의 마음을 사로잡았지요. 저는 D씨의 과거를 잘 알기 때문에 '늘 뜬구름을 잡듯 살아온 사람인데, 과연 괜찮을까?' 하는 생각을 했습니다.

그러던 어느 날 그는 사회적인 지탄을 받는 사건으로 무대에서 사라지고 말았습니다.

이런 사례는 사람이 겉모습을 바꿀 수 있을지는 몰라도 본심이나 본질은 바꾸기 힘들다는 사실을 가르쳐줍니다. 한 번에 무엇인가를 이루려는 사람들은 그런 성향이 좀처럼 변하지 않습니다. 성실하게 꾸준히 해나가는 특성을 가진 사람은 배신하는 경우가 거의 없지요.

일찍이 키에르케고르는 '사람의 행복 90퍼센트가 인간관계에 달려 있다'라고 말했습니다. 그만큼 사람에게는 다른 사람들이 중요하다는 이야기겠죠. 우리를 가장 행복하게 해주는 것도 사람이고, 가장 실망시키거나 분노하게 만드는 것도 사람입니다.

수많은 사람을 만나고 헤어지는 것이 일상이지만, 저는 어떤 사람에 대해 과도한 믿음을 갖지 않습니다. 구름에 달 가듯이 자연스럽게 오는 사람은 오는 대로, 가는 사람은 가는 대로 받아들이지요. 사람

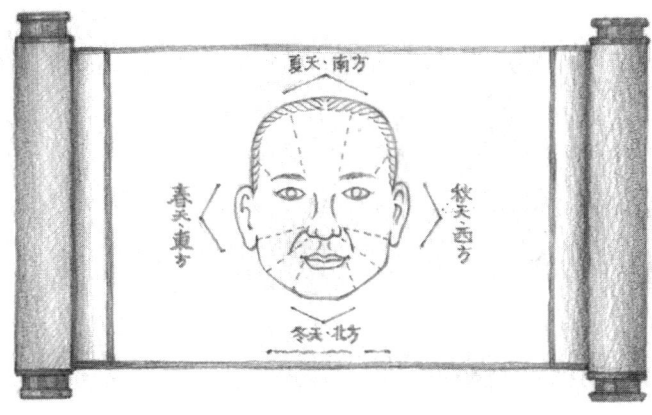

에게 지나치게 혹하지 않고 기울지 않는 것은 세월이 가져다준 인간관계의 지혜입니다.

가끔 우리는 다른 사람 때문에 실망을 합니다. 기대가 클수록 실망도 크지요. 기대를 한다는 건 그 사람이 내 생각대로 해주길 바라는 마음입니다. 그러나 다른 사람이 내 마음 같을 수는 없지요. 나 역시 의도하지 않은 채 다른 사람에게 실망을 안겨주며 살아가고 있을 겁니다.

좋은 점은 좋은 점대로 나쁜 점은 나쁜 점대로 바라보고, 지나친 기대감을 갖지 않고 살아가는 것이 인간관계에서 오는 고통을 줄일 수 있는 길입니다.

또한 상대방이 어떤 의도를 갖고 접근하는지를 냉철하게 생각해 보는 일도 인간관계에서 실패를 피할 수 있는 방법입니다. 무엇보다 사람의 근본은 변화하기 힘들다는 사실을 잊지 말아야 합니다.

"사람에게 가장 많은 재난을 안겨주는 존재는 바로 사람이다." ─플리니우스

진정한 처세*

Gong's definition
타인으로부터 신뢰와 감동을 이끌어내는 능력. 단순히 테크닉으로 알았다면 착각이다.

▶ 살면서 처세라는 말을 자주 듣고, 자주 합니다. 처세라는 말에는 어쩐지 부정적인 이미지가 있지만, 처세 자체가 나쁜 것은 아닙니다. 처세술은 '사람들과 사귀며 세상을 살아가는 방법이나 수단'을 뜻하지요. 처세의 근본은 누군가로부터 신뢰나 신망을 얻는 것입니다. 그 누군가는 상사나 동료일 수도 있고 고객일 수도 있지요.

누군가 저에게 "처세술로 어떤 것을 갖고 계신가요?"라는 질문을 던진다면, '술(術)'이라는 단어를 붙일 수 있을지는 모르겠습니다만, 몇 가지를 말할 수 있을 것입니다.

'또다른 나를 대하듯이 타인을 성실하게 대한다. 어떤 경우든 치사하게 행동하지 않는다. 가능한 한 타인의 입장에서 생각해 보고 처신한다. 도울 수 있다면 타인에게 도움을 주려고 노력한다. 변함없는 태

도로 사람을 대한다. 누구에게나 겸손하게 대한다.'

이는 제가 인간관계와 사회생활에서 늘 중요하게 여기는 것들입니다. 중요하게 여긴다고 해서 항상 지킬 수 있는 것은 아니지만요.

저의 처세 원칙을 보아도 알 수 있듯이, 처세는 관계 속에서 만들어집니다. 처세에 관심이 있는 사람이라면 자신과 타인의 관계에 대해 깊이 생각해 봐야 합니다. 한 가지 질문을 중심으로 매사를 생각해 보면 해답을 쉽게 얻을 수 있을 것입니다. '어떻게 하면 주변 사람들로부터 신뢰나 신망을 얻을 수 있을까?'

신뢰나 신망이라는 것이 타인의 기대를 충족시킬 때 만들어지듯, 반대로 타인과의 약속이 깨지거나 타인의 기대를 충족시키지 못하면 사라져버릴 수도 있습니다. 그래서 처세로 만들어진 신뢰나 신망은 그리 견고하지 않습니다. 부지런히 관리해야 하기 때문에 그만큼 정성과 노력이 필요하지요.

고위 공직자들의 인사 청문회가 열릴 때면 어김없이 내부로부터 불협화음이 터져 나옵니다. 상사가 타격을 입을 수 있음에도 함께 일했던 부하가 오래전의 일들을 말하는 것을 보면 다시 그 상사에게 눈길을 주게 됩니다. 윗사람으로서 부하와 함께 일할 때 뭔가 석연치 않은 처신이 있었음을 알 수 있지요.

이런 면에서 최근에 감동적인 사례를 하나 만났습니다. 데이비드 오길비는 현대 광고계에서 기념비적인 업적을 남긴 인물입니다. 1958년에 한 언론은 '과거 50년 동안 미국 광고계에서 이 40대 영국인 악동 데이비드 오길비만큼 두드러진 인상을 남긴 사람은 없었다'

라고 평할 정도였습니다. 그가 광고에 뛰어든 지 불과 9년 만에 받은 평가였지요.

제가 주목하는 것은 오길비의 혁혁한 성과가 아닙니다. 그를 26년 동안 모셨던 부하 케네스 로먼입니다. 1985년~1989년에 오길비가 세운 오길비앤매더의 CEO를 지냈던 인물이기도 하지요.

놀라운 사실은 그가 은퇴하고 한참 시간이 지나서 자신이 모시던 상사가 얼마나 훌륭한 사람이었는지를 세상에 알렸다는 점입니다. 윗사람이 함께 일하는 동안 얼마나 부하를 감동시켰으면 상사의 평전을 집필했을까 생각하게 됩니다.

많은 사람들은 처세 하면 얄팍한 테크닉을 생각합니다. 하지만 진정한 처세는 만나는 사람에게 신뢰를 주고, 나아가 감동을 주는 능력이나 방법입니다.

사회생활을 하다 보면 사람들과 도움을 주고받게 되지요. 처세에 능한 사람이라면 도움을 받았을 때 감사를 전하는 데 익숙합니다. 도움을 거절당했을 때조차 감사함을 전하지요.

일본 지다이창조관의 대표이사 센다 타쿠야는 자신이 가진 처세술의 하나를 다음과 같이 소개합니다.

"나는 명함을 주고받을 때, 프로젝트가 시작될 때, 프로젝트가 정체 상태에 빠졌을 때, 프로젝트가 종료되었을 때, 대접을 받았을 때, 모든 고비에서 반드시 편지를 보낸다."

타쿠야 씨는 이처럼 간단한 처세술이 신기하게도 프로젝트가 중도에 끊이지 않고 계속되게 하는 힘이라고 말합니다.

처세술은 누군가에게 성실과 신뢰를 끊임없이 발신하는 것과도 밀접하게 연결되어 있습니다. 이런 면에서 최악의 사람들이 있다면 아주 사소한 것으로 계속해서 점수를 잃어버리는 사람들일 것입니다.

아무리 친한 관계라도 상습적으로 지각하는 사람은 어느 누구도 좋아하지 않지요. 처음 한두 번 정도는 넘어가지만 지각이 누적되다 보면 그 사람 전체를 부정하는 결과를 낳게 됩니다.

처세에 능한 사람들은 타인과의 관계에서 자신이 고쳐야 할 것이 무엇인지를 자주 점검합니다. 그들에게는 스스로를 발전시키려 하는 향상심이 무척 강합니다. 그런 노력의 결과도 타인에게 감동을 주지만, 노력하는 과정 자체도 타인에게 기쁨을 줍니다.

모든 것은 작품입니다. 인생도 작품이고 처세도 작품입니다. 완성도를 높여가야 한다는 점에서 예술 작품과 다를 바가 없습니다. 처세 또한 작품으로 생각하면 우리가 수행해야 할 멋진 프로젝트로 삼을 수 있을 것입니다.

'에너지 뱀파이어'* 주의보

Gong's definition
가능한 한 피하고, 피할 수 없다면 무시할 것.

우리 인간은 한정된 에너지로 살아갑니다. 주어진 에너지로 일하고, 인간관계를 맺고, 취미 생활을 합니다. 에너지는 화수분처럼 무한정 솟아나는 것이 아니지요.

그런데 흡혈귀처럼 우리의 에너지를 빼앗아가는 존재들이 있습니다. 소위 '에너지 뱀파이어'입니다. 저는 에너지 뱀파이어를 세 가지 유형으로 나눕니다.

첫 번째는 사소한 일들에 신경을 쓰거나 화를 내는 사람들입니다. 아주 작은 일에도 신경을 곤두세우고 시비를 거는 데 익숙한 사람들이지요.

동료나 상사 그리고 가족 가운데 이런 사람이 있으면 마음을 비우거나 대응하지 않는 등 스스로를 보호하는 특별 조치가 있어야 합니다. 그렇지 않으면 엄청난 스트레스를 받게 됩니다.

두 번째는 불평불만을 일삼는 사람들입니다. 이들에게는 세상 모든 것들이 불평불만의 대상입니다. 날씨, 사회 이슈, 회사의 정책, 타인의 성취 등 어느 것 하나 그들을 기쁘게 하는 일이 없습니다. 주변을 피곤하게 만드는 사람들이지요. 스스로 큰 계기가 있지 않으면 이런 성향을 고치는 것은 거의 불가능합니다.

세 번째는 늘 남을 비난하는 사람들입니다. 대부분 자신의 기준에 맞지 않는 의견과 주장을 펼치거나 행동하는 사람들에 대해 눈총을 주게 되지요.

그러나 그것도 정도 나름입니다. 비판이나 비난을 자신의 사명이나 업으로 삼은 듯한 사람들이 있습니다. 자신의 귀한 자원을 상당히 소진하는 일이지요.

이처럼 우리를 기분 나쁘게 하고 에너지를 빼앗아가는 에너지 뱀파이어는 도처에 있습니다. 강연장의 청중, 방문한 기업체의 직원들 사이, 집안의 가족 중에서, 길을 걷는 순간에도 만날 수 있습니다. 에너지 뱀파이어는 그 사람의 대단히 고질적인 문제이기 때문에 변화하기를 기대하기는 쉽지 않습니다.

주변에 에너지 뱀파이어가 있다면 가능한 한 피하는 것이 최선입니다. 그리고 피할 수 없다면 그 사람의 자극이나 도발에 현명하게 대응할 수밖에 없습니다. '저 사람은 에너지 뱀파이어구나' 하고 무시하는 겁니다.

굳이 불쾌해하지 않는 것이 우리 자신을 보호하는 방법이지요. 한

번 그 사람에게 말려들면 에너지 뱀파이어에게 귀한 에너지를 빼앗기는 것이니까요.

　반면에 에너지 뱀파이어에게 대처하는 것만큼 중요한 것이 스스로 그렇게 되지 않아야 한다는 사실입니다. 항상 자신의 마음가짐과 태도를 돌아보고 긍정적인 자세를 갖도록 노력해야 합니다.

046
나를 **보호***하는 법

Gong's definition
싸움닭이 될 필요는 없다. 그렇다고 만만하게 보여서도 안 된다. 부당하다면 맞서라, 이겨라.

▶ "공 박사님은 왜 자신의 신념을 위해 좀더 적극적으로 발언하고 싸우지 않으세요?"

트위터에서 자주 이야기를 주고받던 분이 저에게 결별을 선언하면서 남긴 말입니다. 잘못된 말을 하는 사람들에게 미지근하게 반응한 것이 그분 입장에서는 화가 났던 모양입니다.

그때 저는 이런 글을 남겼습니다. "투사도 있어야 하고 점잖게 말하는 사람도 있어야죠. 나이가 들면, 혹은 개인에 따라서 투사를 감내하기 힘든 사람도 있습니다."

저 역시 젊어서는 대단히 공세적이고 자기주장이 강했습니다. 불의를 보면 참지 못하고 상대방의 주장이 틀렸다고 생각하면 강하게 대응하는 편이었습니다. 그런데 지금은 피하거나 외면하거나 대응하지 않는 쪽으로 바뀌었습니다.

다혈질인 사람도 나이가 들면서 비교적 유순해집니다. 젊어서는 과격하게 논쟁을 하더라도 별로 피곤함을 느끼지 못합니다. 그런데 세월과 함께 그런 상황이 반복되면 분노를 느낄 때마다 아드레날린이 과하게 분비되어 심장박동과 혈압을 크게 높여 심장에 부담이 오고 피로를 쉽게 느낍니다.

그래서 본능적으로 자신을 보호하기 위해 투쟁적인 태도를 버리게 됩니다. 몸이나 마음은 모두 자기 살길을 찾게 마련이지요.

유순해지는 또 하나의 이유가 있습니다. 젊은 날에 투쟁적으로 활동했던 사람도 세월이 가면서 자신이 목소리를 높인다고 세상이 바뀌지 않는다는 사실을 깨닫게 됩니다. 가능한 한 순화된 발언이나 행동을 하게 되죠. 젊은 분들에게는 이런 것이 겁쟁이나 이기적인 사람으로 보일 수 있을 겁니다.

살다 보면 도저히 받아들일 수 없는 부당한 대우가 반복될 때가 있습니다. 또한 적과 팽팽하게 맞서게 되는 상황이 있습니다. 싸우지 않고 이기는 것이 최선이지만 그게 여의치 않을 때가 있습니다. 상대방이 내가 소중하게 생각하는 것들에 맹공을 퍼붓고 나를 자리에서 쫓아내려 하거나 체면이나 명예를 심하게 손상시킬 때지요.

직장 생활을 할 때 질이 좋지 못한 사람을 만난 적이 있습니다. 저보다 몇 살 위였는데, 무조건 자신의 의도대로 타인을 조정하지 않고는 직성이 풀리지 않는 사람이었어요. 보스 기질이 강한 데다 마음에 들지 않는 사람은 계략을 세워 궁지로 몰아넣는 데 능했습니다. 바람직하지 못한 측면에서 책략에 익숙한 인물이었죠.

그런데 그 사람이 저를 표적으로 삼았습니다. 저만 꺾으면 나머지 동료들은 자신의 지휘 아래로 올 것이라는 판단이 들었던 모양입니다. 그런 사람이 등장하면 우군이 되어줄 수 있는 동료나 상사들도 발을 빼려 합니다. 다투는 일이 피곤하기도 하고 굳이 그와 싸워 피를 흘릴 필요가 없다고 보기 때문입니다.

사람들은 어떻게 하는 것이 자신에게 이로운지를 먼저 계산합니다. 정의도 중요하지만 이보다 앞서는 것은 결국 '나에게 무엇이 남는가'입니다.

당시에 저는 전사적인 기질이 상당했습니다. 그래서 그 사람의 행동을 도저히 묵과할 수 없다는 판단이 들자 맞서 싸웠습니다. 용의주도하게 관련 증거를 모았고, 이를 차근차근 밝히면서 상대방을 압박했습니다. 그가 시도한 파렴치한 일을 사내의 모두가 알 수 있도록 전모를 까발렸습니다. 결국 그 사람은 회사를 떠날 수밖에 없었죠.

이렇게 싸우는 게 결코 바람직하지는 않습니다. 여러분에게 권하고 싶은 방법도 아닙니다. 하지만 폭군처럼 행세하는 사람 앞에서 물렁물렁하게 죽어서 지낼 것인지, 아니면 맞서 싸울 것인지는 스스로 판단해야 하지요.

조직에서 트러블 메이커라는 인상을 주어서는 안 됩니다. 그러나 만만한 인상을 주는 것도 바람직하지 않습니다. '저 사람은 괴롭히면 가만히 있지 않을 것'이라는 인상이 바람직합니다.

도저히 묵과하고 넘어갈 수 없는 사건이라면 싸울 수도 있습니다.

냉정하게 상황을 점검하고, 관련 자료를 모으고, 상대방에게 일격을 가할 수 있는 방법을 찾아서 결정적인 행동을 취해야지요.

　싸우다 그만둘 일이라면 그냥 조용히 지내는 편이 낫습니다. '도저히 지금처럼 지낼 수 없다, 당하지만 말고 나도 물어야겠다'는 확신이 들 때는 나서야 합니다. 아주 신중하게요.

　싸움에 뛰어든다면 승리해야 합니다. 승패에 따라 조직을 떠날 수 있는 정도의 각오가 있어야 합니다.

047
남자*의 실족 방지법

Gong's definition
지위·학력·나이 상관없이 남자는 남자다. 여자 문제로 언제든 실수할 수 있음을 명심할 것.

 플라톤의 대표작 『국가』의 시작 부분에는 소크라테스가 한 부유한 노인에게 "나이를 먹게 되니 좋은 점이 무엇입니까?"라고 묻는 장면이 등장합니다.

그 노인은 고대 그리스의 비극작가인 소포클레스가 한 말에 자신의 의견까지 더해 노년에 누리는 편안함을 '성욕이란 폭군으로부터의 자유'라고 말합니다.

나이를 먹고 성욕이 상당 부분 사라지기 전까지 남자는 남자입니다. 여자 문제와 관련해서 남자는 언제든 실수할 수 있습니다. 나이는 별로 상관없습니다.

이 점을 남자는 잘 이해하고 있는 데 반해 여자들은 이해하기 힘든 점이 있을 것입니다. 그렇다고 모든 남자가 똑같은 욕망을 갖고 있는 것은 아닙니다. 정도의 차이야 있지요.

얼마 전 대통령의 미국 순방길을 수행한 청와대 대변인이 인턴을 성추행한 사건으로 온 나라가 소란스러웠던 적이 있습니다. 물의를 일으킨 사람은 1956년생이니 우리 나이로 58세입니다. 자신이 쌓아온 모든 경력과 명예를 한순간에 날려버렸을 뿐만 아니라 가족들에게도 씻을 수 없는 상처를 남기고 말았습니다.

저는 그 사건을 보면서 '남자라는 종은 도대체 어떻게 생겨먹은 걸까?' 하고 생각했습니다. 남자는 물가에 내놓은 아이같이 여자 문제에 관해서는 언제든 실수를 할 수 있습니다.

제 아내도 과거에는 '절대로 여성과 둘이서는 식사든 차든 함께 하지 말 것'을 주문하곤 했지요. 아내는 아들들에게도 여자와 관련된 문제들이 어떻게 남자를 망칠 수 있는지 설명해 줍니다.

오래전에 외국에서 열리는 컨퍼런스에 참석한 적이 있습니다. 세션이 끝난 다음 자원봉사를 하던 유학생과 식사를 하면서 이야기를 나누게 되었습니다. 이야기를 하면서 와인을 한 잔 두 잔 마시다 보니 많이 취했습니다. 중간에 일어서서 호텔방까지 왔는데, 다음 날 깨어보니 전날 밤에 어떻게 왔는지가 기억이 나지 않았습니다.

그때 제 나이가 30대 후반이었습니다. 얼마든지 실수를 할 수 있는 상황이었지요. 안도의 한숨을 내쉬었습니다.

반면에 여자는 생물학적으로 신중합니다. 그것이 본능이지요. 임신을 하면 본인이 치러야 할 비용이 크기 때문입니다. 그러나 남자들에게 임신은 상대적으로 큰 비용이 따르지 않을 뿐더러 자손을 늘려간다는 점에서 유리한 일이지요.

이런 원시적 본능은 문명사회의 일부일처제와 더불어 절대적으로 억제되어야 하지만, 남자들이란 호시탐탐 벗어날 길을 찾습니다.

지금 우리는 도시에서 현대 문명을 누리며 생활하고 있지만 몸과 마음의 상당 부분에 구석기 시대의 잔재가 남아 있음에 주의해야 합니다.

유전자에 깊이 박혀 있는 구석기 시대의 잔재를 완전하게 없앨 수는 없지만 딱 한 가지 해결 방법이 남아 있습니다. 그런 불상사가 발생할 수 있는 가능성을 원천적으로 차단해 버리는 겁니다. 아내의 조언대로 '어떤 경우에도 여자를 단독으로 만나는 일이 없도록' 하는 것입니다. 자신을 과신하지 말고 유혹에 빠질 수 있는 상황을 만들지 말아야 합니다.

반대로 여성들에게 줄 수 있는 교훈도 있습니다. '남자는 지위·나이·학력을 불문하고 기회가 되면 언제든 불상사를 일으킬 수 있는 존재'라고 가정하고 행동해야 한다는 것이죠.

여러분은 어떠세요? 자신을 어떤 사람이라고 보시나요? 저는 본능과 관련해서는 아직도 제 자신을 그다지 믿지 않습니다. 언제나 유혹에 취약한 존재라는 점을 솔직히 받아들입니다. 50줄에 들어선 저도 이러니, 한참 혈기왕성한 30대와 40대는 본능과 유혹에 더 취약하다는 점을 잊지 말아야 합니다.

언젠가 막내아들이 우스운 이야기를 하나 들려주었습니다. 아들의 친구가 아버지와 함께 차를 타고 가고 있었다고 합니다. 건널목에 잠시 차가 서 있는 동안 늘씬한 아가씨가 지나가자 그 친구와 아버지의 눈이 그 아가씨를 따라 동시에 움직였다고 합니다. 그 얘기를 들은 아들은 '우리 아버지라면 어떠셨을까?'라고 생각했답니다.

저는 아이에게 이렇게 말해 주었지요. "아버지는 젊은 날에는 나이가 들면 그런 문제로부터 초연해질 수 있을 거라고 생각했는데, 아마도 80이 되든 90이 되든 별반 달라질 것 같지가 않다. 다만 보는 것과 느끼는 것과 행동하는 것을 좀더 잘 구분하게 될 뿐이지."

048

멘토* 열풍 바로보기

Gong's definition

전문성은 배우되, 열광은 경계하라. 그들이 내 인생을 대신 살아줄 순 없다.

 "선생님은 멘토가 누구세요?"

인터뷰를 할 때면 자주 받는 질문입니다. 저는 사실 딱히 멘토라고 할 만한 사람이 떠오르지 않습니다. 하지만 우리 사회에서 멘토라는 용어가 퍼져 나가는 것을 보면서, 그 현상에 대해 생각을 정리해 보려 합니다.

어떤 사람이 특정 분야에서 괄목할 만한 성과를 이루고 영향력을 발휘하고 있다면, 신뢰할 만한 전문가입니다. 어떤 분야에 정통한 사람에게서 도움을 받을 수 있겠지요.

그런 조력자나 조언자를 좁은 의미에서 멘토라고 부른다면 그런 대로 받아들일 수 있습니다.

하지만 '한 사람이 누군가의 삶 전체에 조언을 줄 수 있다'는 의미로 '멘토'라는 용어를 사용한다면 저는 부정적입니다.

저는 영국의 자기계발 전문가 찰스 핸디의 책을 좋아하고 많은 깨우침을 얻었지만 그를 저의 멘토라고 생각한 적은 없습니다. 프리드리히 폰 하이에크 교수의 책을 좋아하지만 '하이에크는 나의 멘토'라고 말한 적도 없습니다.

내가 좋아하는 이의 필력이나 세계관, 학문적 업적은 그 분이 가진 부분적인 강점입니다. 그러나 멘토는 부분보다도 전체적인 느낌이 강합니다.

그렇다고 다른 사람의 조언이나 도움을 받지 않는다는 이야기가 아닙니다. 저는 인물 평전이나 자서전을 많이 읽는 편입니다. 다른 사람의 인생으로부터 적극적으로 배우려고 하죠. 그러나 어떤 사람에게서 열심히 배우려는 것과 그 사람을 멘토로 삼는 것은 다른 문제라고 생각합니다.

예를 들어보면 우리는 종교인을 높이 평가합니다. 스님이나 신부님, 목사님들의 이야기를 많이 듣습니다. 그런 분들은 영혼의 전문가들이지요.

개신교를 중심으로 보면 목회자는 영혼 구원이라는 문제를 탐구하고 사람들에게 올바른 지식과 지혜를 전달하는 분들입니다.

그런 종교인들을 존경하는 것이 지나쳐 열광하는 경우가 있습니다. 이는 조금 냉철하게 생각해 봐야 합니다. 왜냐하면 그분들이 출가해서 살아가는 세계는 자신을 닦아가는 구도자의 길이기 때문입니다.

그분들의 애환을 정확히 알 수는 없지만, 생계를 유지하기 위한 고민이나 스트레스는 일반인들보다 훨씬 덜할 것으로 봅니다. 어쩌면 그런 스트레스가 없는 청정지역에서 살고 있을 수도 있습니다.

그분들이 불황으로 힘들어하는 자영업자들이나 취업 전선에서 고군분투하는 취업 준비생들에게 어떤 도움을 줄 수 있을까요? 마음의 위로나 위안을 줄 수 있을지 모르지만 구체적인 해법을 주는 데는 아무래도 한계가 있을 것입니다. 종교인들이 생활인에게 줄 수 있는 도움은 영혼에 관한 문제에 국한될 것입니다.

저는 개신교 목사님들의 목회를 인터넷으로 많이 듣습니다. 그중에는 제가 동의할 수 없는 내용들도 종종 있지요. 저는 목사님들의 목회에서 배워야 할 것과 그렇지 않은 것을 엄격하게 구분하는 편입니다. 마찬가지로 목회에서 언급하는 세상사 일반에 관한 이야기를 우리 현실에 적용하기는 한계가 있기 때문입니다.

어떤 분을 좋아하거나 존중한다고 해서 지나치게 열광할 필요는 없습니다. 저처럼 배워야 할 점만 선택해서 배우면 됩니다.

즉 자기 주관을 갖고 살 필요가 있습니다. 어떤 분야에서 괄목할 만한 업적이나 능력을 가진 사람들에게서 배우는 건 좋습니다. 그러나 전문 분야를 넘어서 삶 전반에 대해서까지 누군가의 말이 지고지순의 가치가 있다고 해석할 필요는 없습니다.

영향력이 있는 사람들은 자신이 잘 아는 분야만이 아니라 모르는 분야에 대해서까지 두루 이야기할 수 있습니다. 듣는 사람이 무게중심을 확고히 하면서 들어야지요. 특정 분야를 잘 아는 사람들로부터 조언을 구하는 일은 바람직합니다. 시간과 실수를 줄여주니까요.

그러면 멘토라는 개념이 왜 유행할까요? 쉽게 살려는 마음 때문일 수도 있다는 생각이 듭니다. 스스로 탐구하는 마음을 갖고 살면 누군가를 절대적으로 추종하는 일은 좀처럼 일어나지 않을 겁니다.

49 일단 시작

50 고독을 즐기는 법

51 깨어 있는 삶

52 누군가 나를 지켜보는 것처럼

53 시간을 대하는 법

54 굳건한 삶의 원칙

55 나를 비추는 말과 글

56 평생 습관, 배움

57 집중력 기르기

58 생활 리듬 되찾기

59 남을 돕는 일

60 때로는 안테나 끄기

61 나에게 주는 선물

62 슬럼프 극복

63 죽음을 준비하기

5장
태도 사전
모든 것은 태도에 달려 있다

일단 시작*

Gong's definition

완벽한 준비란 없다. 때를 기다리지 말고 일단 부딪칠 것.

▶ 지금 여러분은 해야 할 일 앞에서 미적거리고 있지 않나요? 제안서를 써야 하는데, 철 지난 옷들을 정리해야 하는데, 답장할 이메일이 몇 통 있는데, 머릿속 한구석으로 밀어두고 외면하고 있나요?

무슨 일이든 시작하기가 힘듭니다. 시작을 앞두고는 항상 망설이게 마련이지요. 어떻게 시작해야 할까? 지금 시작할 수 있을까? 언제 시작해야 할까? 계속 머리만 굴리고 손은 대지 못합니다.

이럴 때 저는 그동안의 경험을 떠올려봅니다. 미루는 일도 막상 시작하면 별것 아닌 경우가 대부분입니다. '이제 시작해야 하는데…… 정말 시작해야 하는데……' 하며 생각만 하고 시작하지 않는 데서 걱정, 초조, 불안 같은 스트레스가 생기는 것이죠.

저는 두 가지 방법으로 일을 즉시 시작합니다. 하나는 무조건 일에 부딪치는 겁니다. 보통 책을 내는 과정에서 편집자가 많은 수정을 요청할 때가 있습니다. 수정 작업을 위한 완벽한 준비가 될 때까지 기다린다면 엄청난 부담감을 느꼈을 거예요.

하지만 저는 이런저런 생각을 하지 않고 일단 원고 파일을 엽니다. 그리고 한 줄 두 줄 수정을 시작합니다. 그러다 보면 스트레스와 초조감이 어느덧 사라지더군요.

또 한 가지는 일을 잘게 나누는 것입니다. 포스트잇이나 수첩에 해야 할 일을 작은 조각으로 나누어서 3~5개 정도 적어봅니다. 전체를 다 하려면 힘이 들지만 작은 것부터 시작한다면 지금 당장도 시작할 수 있을 테니까요.

이런 방법들을 쓰면서 가능한 한 일을 미루지 않는 저도 미적거리다가 낭패를 본 경험이 있습니다. 선배에게서 온 전화 응답을 며칠 미루다가 영영 그 선배와 관계가 멀어져버린 일입니다. 선배의 부탁에 대해 대응 방법을 완벽하게 준비하느라고 시간을 보낸 거였는데, 그런 결과가 왔으니 저로서는 뼈아픈 경험입니다. 그냥 가볍게 전화했더라면 좋았을 텐데 말이지요.

완벽한 준비가 될 때까지 기다리면 안 됩니다. 사실 완벽한 준비는 없지요. 비행기를 이륙시키듯 일단 시작합니다. 그러고 나면 서서히 하나하나 자리를 잡게 됩니다. 궤도에 오르고 나면 늘 깨우칩니다. '진작 이렇게 시작할 걸 왜 그렇게 뜸을 들였을까?'

또한 일단 시작하기는 스스로 주인이 되어 살아가는 중요한 방법 중 하나입니다. 시작하기 전에는 일이 우리를 통제하여 우리의 마음을

"할 수 있는 것이나 꿈꾸는 것이 있으면 그것이 무엇이든 지금 당장 시작하라. 그 속에 천재성과 힘과 마법이 들어 있다."
―괴테

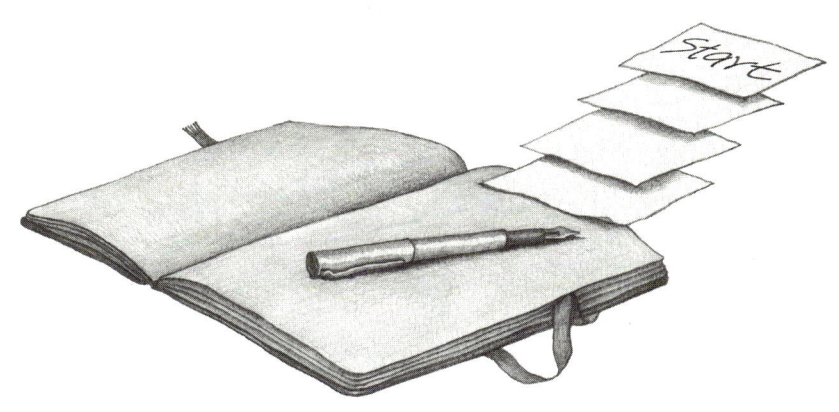

휘두르죠. 그래서 불안하고 초조합니다. 하지만 빨리 일을 통제할 수 있습니다.

그만큼 시작하는 것은 중요한 능력입니다. 결단하는 힘이고 실행하는 힘이죠. 모든 것을 가능하게 하는 능력이기도 합니다. 작은 것이라도 시작하는 것이 성취와 성공의 지름길입니다.

물론 시작만 하고 끝을 맺지 못하면 안 되겠지요. '일단 시작하라'는 말은 '시작이 반'이라는 말처럼 시작의 중요성을 강조하는 것이지 시작만 자꾸 하라는 이야기는 아닙니다. 나머지 반을 성실하게 채우는 것도 시작하는 것만큼 중요하지요.

늘 여러 가지 일로 바쁘고 수시로 일을 벌이지만 제대로 마무리하지 못하는 분들이 있습니다. 한 가지에 집중하는 힘이 떨어지는 분들인데, 그러면 직업인으로서는 많은 어려움을 겪게 됩니다.

한 가지 일에 집중해서 끝내고, 그것이 끝난 다음 다른 것에 집중하는 식으로 일을 해야 합니다.

지금하고 있는 일을 뒤로 미뤄야 할 때는 간단하게 메모를 남기세요. 일을 추진해 온 경위와 어떻게 할 것이라는 계획을 적어두면 나중에 쉽게 시작할 수 있습니다.

마무리를 못하는 습성은 한 사람의 기질에도 부정적인 영향을 미칩니다. 어느새 그 사람을 우유부단한 사람으로 만들지요. '일단 시작한 일은 완결시키고 만다'는 것은 한 사람이 가질 수 있는 귀한 재산입니다.

헨리 포드는 "어떻게 하면 그렇게 성공적인 삶을 살 수 있습니까?"라는 질문에 항상 이렇게 답했다고 합니다. "뭔가를 시작했다면 꼭 끝을 내세요."

뜻하는 일이나 해야 할 일이 있으면 일단 시작하세요. 그리고 한번 시작한 일은 꼭 끝을 맺으세요. 그런 원칙을 지켜가다 보면 자신에 대한 믿음을 갖게 되고, 자신에 대한 믿음을 갖게 되면 새로운 것에 도전할 수 있는 용기와 자신감도 생깁니다. 그런 자신감은 또다른 성과를 낳지요. 이런 선순환이 이루어지면서 인생은 한 단계 한 단계 더 높은 곳을 향해 나아갑니다.

고독*을 즐기는 법

Gong's definition
혼자서 똑바로 설 수 없다면 다른 사람들 사이에서도 제대로 설 수 없다.

▶ 직장 생활을 할 때, 저는 '아, 내가 혼자구나'라는 생각을 많이 했습니다. 동료들이 출근하기 전, 퇴근한 후, 그리고 주말에도 혼자 나와 일을 했기 때문이지요. 무엇보다 경쟁이 치열한 직장이란 환경에선, 사실 정신적으로도 누구에게 기대거나 함께한다는 것이 말처럼 쉽지 않았습니다.

그래서 웬만큼 혼자서 잘 지낸다고 생각했는데, 그건 착각이었습니다. 진정으로 혼자 있는 시간은 조직을 떠나고 나서 시작되었습니다. 마흔 살 무렵에 홀로 서기를 시작하여 혼자 일하며 지내보니 그전에 생각했던 것과는 차원이 달랐습니다.

아이들은 모두 학교에 가고 아내도 출근한 다음, 집에 혼자 남아 작업하는 남자를 생각해 보세요. 처음에는 집에 혼자 있으면 안절부절 못하기도 했습니다. 지금이야 카페 등에서 일하는 분들이 많지만, 저는 어려서부터 일을 한다는 것은 아침에 눈을 뜨면 회사로 출근하는 것이라고 생각해 오던 사람이었습니다.

물론 그런 시간에 서서히 익숙해졌고, '남들보다 조금 빨리 이런 생활을 시작한 것뿐이야'라고 스스로를 위로했지요. 무엇보다도 당장 먹고사는 문제를 해결해야 했기에 사치스럽게 외로움을 운운할 수 없었습니다.

저보다는 몇 년 늦을 수 있지만 모든 직장인들은 회사를 그만두고 나면 그때의 저처럼 '아, 정말 나 혼자네'라는 생각 때문에 굉장히 불안해지게 될 겁니다.

실제로 우리나라의 남자 직장인들이 두려워하는 것 중 하나가 이렇게 퇴직 후 혼자서 보내야 하는 긴 시간이라고 합니다. 혼자 제대로 시간을 보내본 적이 없기 때문이지요. 혼자 지낸다고 하면 잠을 자거나 TV나 게임으로 시간을 보내는 것을 떠올릴 분도 적지 않을 거예요.

최근에 한 지인과 대화를 나누는데 그분이 이런 말씀을 하시더군요. "혼자 시간을 잘 보내는 것이 한 사람의 됨됨이를 나타내는 매우 중요한 지표 같습니다." 그런가 하면 "혼자 있는 시간을 잘 보내는 사람이 다른 사람들과 함께하는 시간도 잘 보낸다"라는 말도 들어보셨을 겁니다.

혼자서 시간을 잘 보내는 것이 왜 중요할까요? 학교를 다닐 때도, 직장을 다닐 때도, 직장을 떠난 뒤에도, 우리의 삶은 '함께'와 '혼자서'가

옷감의 씨줄과 날줄처럼 엮여 있습니다. '함께'도 잘해야 하지만, '혼자서'도 잘해야 합니다. 그래야 삶이라는 옷감이 온전한 모양을 갖출 수 있습니다.

혼자 있는 시간을, 남이 나를 보지 않는 시간을 어떤 마음가짐으로 어떤 활동을 하면서 보내는가는 한 인간의 삶에 큰 영향을 미칩니다. 현재와 미래의 많은 것을 결정짓지요. 혼자 있는 시간을 보내는 자세는 그 사람이 무엇을 소중하게 여기는지, 무엇을 추구하는지, 어떻게 살아가는 것을 올바른 삶이라고 생각하는지와 깊은 관련이 있기 때문입니다.

10년 남짓 자유인으로 살아온 지금, 제 생활은 대부분 혼자 있는 시간이 차지하고 있습니다. 강연, 모임, 회의 등에서 다른 사람들과 함께하는 시간도 있고, 함께 생활하는 가족도 있지만, 혼자 보내는 시간이 압도적이죠. 혼자서 글을 쓰고, 책을 읽고, 생각하고, 관찰하고, 의식의 흐름을 지켜봅니다.

제 경험에 의하면 혼자서 잘 지내는 방법은 과녁을 명확히 하는 것입니다. 시간을 어떻게 보내야 할지에 대해 명확하고 구체적인 목표가 정리되어 있으면 도움이 됩니다. 매일 해야 할 일을 계획한 다음 가능한 한 그것에 맞춰서 일을 하고, 운동을 하고, 강의를 합니다.

물론 이따금 아무 계획도 세우지 않고 완벽한 자유를 자신에게 주는 경우도 있습니다. 마음이 가는 대로 전시회를 찾거나 전망 좋은 카페에서 반나절 정도 책을 읽으면서 보내기도 하지요. 그런 하루는 저 자신에게 주는 선물입니다.

스스로 계획을 세워서 시간을 알차게 보내고, 미혹함에 흔들리지 않고, 외로움 같은 감정에 지나치게 흔들리지 않고 중심을 잡고 마음의 평정을 유지한 채 자신을 이끌어가야 합니다. 이런 능력은 어느 날 갑자기 생겨나지 않습니다. 평소에 남들과 함께하는 시간과 혼자 있는 시간을 어떻게 지내느냐에 따라 달라집니다.

혼자일 때 자기만의 걸음으로 행복할 수 없는 사람은 관계 속에서도 비틀거리기 쉽습니다. 혼자서 잘하면 사람이 탄탄해집니다. 자기 중심이 확고해지기 때문이죠. 그렇게 되었을 때 다른 사람들과도 잘 어우러져 살아갈 수 있습니다.

깨어 있는* 삶

Gong's definition

'삶의 가장 중요한 숙제'. 질주하다가도 의식적으로 멈춰 서서 자신을 들여다보라.

▶ 살다 보면 하루하루 전쟁을 치르듯 앞만 보고 달려갈 때가 있지요. 그러다가 점점 가속도가 붙어서 좌충우돌하기도 합니다. 저는 마흔이 되기 직전에 새로운 조직을 만들어서 정상 상태에 올릴 때까지 3~4년간 그랬습니다.

그렇게 앞만 보고 달려가다 보면 지나치게 자기 세계에 몰입해서 시대의 흐름을 놓칠 수도 있고, 자신을 과대평가할 수도 있고, 지쳐서 탈진 상태에 놓일 수도 있지요. 그럴 때일수록 잠시 멈춰서 자신을 점검할 수 있어야 합니다. 즉, 깨어 있어야 합니다.

당시에 저는 그렇게 잘하지 못했습니다. 변신의 기회가 왔을 때 환경 변화뿐만 아니라 자신에 대해 잘못된 결정을 내렸습니다. 그 결과 상당한 비용을 치러야 했고요.

요즘처럼 바쁜 세상에서 '깨어 있는 삶'이라는 말을 자주 듣게 됩니다. 그만큼 우리가 깨어 있지 못하다는 뜻이겠지요.

'깨어 있다'는 것은 순간순간 시간의 흐름을 주시하고, 자신이 무엇을 하고 있는지, 어디로 가고 있는지, 자신 안에서 어떤 변화가 일어나고 있는지를 제3자의 눈으로 관찰할 수 있도록 각성된 삶을 살아가는 것을 말합니다.

미국의 대형 회계법인 KPMG의 CEO로 승승장구하던 유진 오켈리는 53세에 뇌종양에 걸렸습니다. 그는 병에 걸리고 난 후, 생을 마감하기 전에 쓴 『인생이 내게 준 선물』이란 책에서 다음과 같은 말을 했습니다.

> 뇌종양에 걸리기 전에 내가 가장 중요하게 생각했던 덕목은 '열정'이었다. 하지만 이제는 그 자리를 '깨어 있음(consciousness)'이 차지하고 있다. 인간답게 살아가기 위한 가장 중요한 숙제가 깨어 있는 상태를 유지하는 것이라 생각한다. (……) 그런데 주변 사람들의 모습을 보면 너무 안타까운 마음이 든다. 그들은 나처럼 뇌종양이라고 하는 큰 축복을 받지 못했다. 너무나 바빠서 하던 일을 멈추고 잠시 물러서서 자신이 지금 무슨 일을 하고 있는지 생각해 볼 여유가 없다.
> ─ 유진 오켈리, 『인생이 내게 준 선물』

고난이나 역경을 당하기 전에 '깨어 있는 삶'의 중요성을 깨우치면 좋은데, 그렇지 못한 경우가 많지요. 소중한 것을 잃고 난 다음에야,

삶이 막바지에 이르러서야 깨달음을 얻기도 합니다. 저도 이런저런 시행착오를 겪고 나서야 깨우칠 수 있었으니까요.

제가 터득한 깨어 있는 삶을 사는 방법이 몇 가지 있습니다. 우선 의식적으로 일이나 삶의 속도를 늦추는 시간을 갖는 것입니다. 앞만이 아니라 옆과 뒤를 살펴보는 것입니다.

실제로 쫓기듯이 걷지 않고 의식을 모은 채 걷는 일은 자신이 어디쯤 가고 있는지를 알게 해주는 데 효과가 있습니다. 차를 두고 자주 걸어서 다녀보세요.

또한 자신이 추구하는 분야를 벗어나는 시간을 갖거나, 가볍게 글을 쓰는 것도 도움이 됩니다. 반대로 조금 깊이 있는 책을 읽는 것도 좋고요. 그런 일들을 통해 한 걸음 떨어져서 자신을 객관적으로 바라보는 시간을 가져야 합니다.

이따금 주목을 받는 분들이 텔레비전에 비치는 모습을 볼 때면 '별로 행복한 얼굴은 아니구나' 하고 생각할 때가 있습니다. 무언가에 쫓기는 듯한 표정이나 짜증이 난 듯한 표정에서 그런 것을 느낄 때가 있지요. 그분들은 남들이 부러워할 만한 성공은 손에 넣었지만 깨어 있지 못한 채 살아가고 있을 수 있습니다.

제 지인 중 장관을 지냈던 어떤 분은 장관 일을 하던 당시에는 너무 바쁘고 정신이 없어서 자신이 어떻게 살아가고 있는지도 느끼지 못했다고 합니다. 성공한 사람들이 오히려 이런 상황에 놓이기 쉽습니다. 나중에 회상하면서 즐거움을 느낄 수도 있겠지만, 무엇보다 그 자리에 있는 동안 행복해야 하지 않을까요?

무언가를 추구하는 과정에서 누릴 수 있는 행복을 놓치지 않는 것은 중요한 삶의 지혜입니다. 등산을 하면서 정상 정복에 급급한 나머지 올라가는 과정에서 경험하고 느낄 수 있는 것들을 다 놓쳐버리면 안 되겠지요.

깨어 있는 삶을 살려고 노력하지 않으면 진짜 중요한 것들을 놓칠 수 있습니다. 깨어 있음은 우리에게 진짜 중요한 일이나 사람을 소홀하게 여기지 않도록 해주고, 훗날 그런 일로 후회하지 않게 해줍니다.

얼마 전 한 모임에서 바로 옆 자리에 앉은 성공한 사업가와 이런 대화를 나누었습니다.

"회장님, 돌아보니까 어떠세요?"

의외로 그분의 대답은 진한 아쉬움을 담고 있었습니다.

"스물일곱에 사업을 시작해서 올해로 46년째입니다. 사업은 웬만큼 키웠는데 너무 집중해서 일을 하느라 다른 것들을 많이 놓쳤어요."

저도 요즘은 자주 삶의 속도를 늦춥니다. 그러다 보면 '그때도 이렇게 했어야 했는데……' 하는 생각이 들기도 합니다. 이렇게 시행착오를 해가면서 삶의 영역이 넓어지고 지혜가 생기는 것이겠지요.

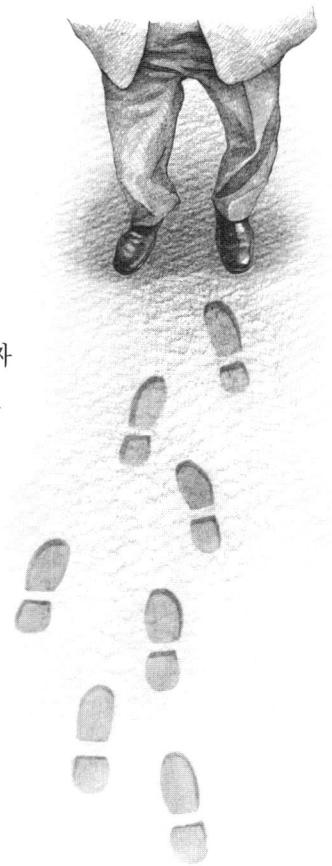

누군가 나를 **지켜보는*** 것처럼

Gong's definition
나를 믿고 나를 위해 기도해 주는 그 사람을 생각하라. 매순간 진심을 다하게 될 것이다.

▶ 사람마다 살아가면서 지표나 지침이 되는 말이나 생각이 있을 것입니다. 저의 젊은 날에는 '아버지가 살아내셨던 험한 세월이 헛되지 않도록'이라는 문장이 늘 마음속에서 함께했습니다. 아버지가 세상을 떠나신 후에도 그 문장은 여전히 살아 숨 쉬고 있고요.

아내도 일정한 몫을 했습니다. 젊은 날부터 어려움을 함께 헤쳐온 아내는 남편을 직업적으로, 인간적으로 늘 믿어주었습니다. 그 믿음을 저버리지 않기 위해 저 역시 최선을 다했습니다. 세상살이에 부대끼거나 흔들릴 때도 아내의 믿음은 저에게 중요한 지표가 되어주었습니다.

누군가의 기대를 받고 그를 충족시키기 위해 노력하는 건 멋진 삶이지요. 아버지가 저에게 영원한 지침을 주셨던 것처럼 저 또한 아이들의 가슴에 '아버지가 살았던 것처럼'이라는 감동을 심어주고 싶습니다.

나이가 들어 신앙을 갖고 난 다음에는 '하나님 보시기에 기쁘도록'이라는 말이 어떻게 살아가야 할지에 대해 강력한 기초를 제공하고 있습니다.

얼마 전 저의 모교인 고려대학교의 학군단 강연에서 그런 이야기를 했습니다. 강연이 끝난 후 한 생도가 인터넷 커뮤니티에 다음과 같은 후기를 올렸더군요.

강연 도중 스쳐지나갔던 이야기지만 제게 커다란 인상을 남겨주신 부분이 있습니다. "하나님이 마치 나를 보고 있는 것처럼 행동하라"라는 말씀이었습니다. 저는 종교가 없습니다만, 그 말이 굉장히 크게 다가왔습니다. 남이 나를 감시해서, 혹은 무엇인가의 성과를 바라면서 삶을 살아가는 것이 아니라 그저 나 자신이 아무 이유 없이 옳은 길을 가야 한다는 뜻으로 받아들여졌습니다. 그 한 구절이 지금까지의 제 삶을 돌아보게 만들었습니다. ─ 제102학군단 53기 | 후보생 박완배

이렇게 강연을 들은 분이나 독자분들로부터 피드백을 받으면 무척 기분이 좋습니다. 제 이야기가 누군가의 가슴에 가 닿았다는 사실에 큰 감동과 행복을 느낍니다. 게다가 이처럼 제가 한 말로 인해 삶을 바꿀 수도 있을 것 같다고 말하는 분을 보면 감사하는 마음이 들면서 동시에 어깨가 무거워집니다.

어떤 일이라도 하지 말아야 하면 하지 말아야 하고, 이왕 해야 하는 일이라면 마치 하나님이 나를 보고 있는 것처럼 하면 어떨까 합니다.

꼭 하나님이 아니어도 됩니다. 아버지나 어머니, 아내, 남편, 자녀 등 나에게 가장 중요한 의미를 갖는 존재가 늘 나를 지켜보고 있다고 생각하는 겁니다. 그러면 자연히 요령을 피우지 않고, 진심을 다해 매순간을 보내게 되지 않을까요?

회사에서 일할 때, 학교에서 공부할 때, 누군가를 만나서 대화를 나눌 때, 운동을 할 때, 취미 생활을 할 때, 집안일을 할 때, 늘 누군가가 나를 내려다보고 있다고 생각하면서 하는 겁니다. 그냥 '열심히 하자'는 것보다 훨씬 와 닿지 않나요?

시간*을 대하는 법

Gong's definition
시간을 아끼는 것은 결국 자기 삶을 사랑하는 일이다.

▶ 어린 시절부터 저는 시간 낭비에 대해 다소 강박적이었습니다. 한참 공부를 하던 중·고등학교 때, 저를 고통스럽게 한 일은 아침에 자명종 소리를 듣지 못하고 잠을 더 자버린 것이었습니다. 그 아쉬움과 후회 때문에 가슴앓이를 했고, 저를 깨워주지 않은 가족들에게 화풀이를 하기도 했지요.

이처럼 어린 시절부터 좀 과하다 싶을 정도로 시간 낭비에 대해 부정적이었습니다. 지금은 비록 조금 느슨해졌지만 시간 활용에 대해서는 여전히 엄격한 편입니다.

어제는 지방 강연을 다녀오는 길에 제법 오랫동안 한 역에 앉아서 열차를 기다렸습니다. 제가 그 역에 있는 동안 다양한 연배의 분들이 오갔습니다.

책을 읽으면서 중간중간 고개를 들고 주변을 보았는데, 저처럼 책이나 잡지를 읽는 분도 계셨지만 대부분은 스마트폰을 들여다보거나 역 안에 틀어놓은 TV를 보고 계시더군요. 대화를 나누는 분들이나 멍하니 앉아 있는 분들도 계셨고요.

그 공간에서 이런 생각이 들었습니다. '5분도 길게 사용하면 한 시간처럼 길게 사용할 수 있고, 한 시간도 짧게 사용하면 5분처럼 사용할 수 있으니, 어찌 삶에 차이가 나지 않을까? 열차를 기다리며 시간을 보내는 방법이 사람마다 저렇게 다른데, 어떻게 그들의 삶에 차이가 나지 않을 수 있을까?'

몇 년 전부터 전철이나 버스를 타고 이동하거나 병원 같은 곳에서 순서를 기다리는 등 자투리 시간에 대부분의 사람들이 스마트폰을 들여다보고 있습니다. 물론 모바일 기기를 독서용 도구로 활용하는 분들도 있을 겁니다.

하지만 지하철에서 책이나 신문을 읽는 사람을 보기가 무척 힘들어졌지요. 오죽하면 출판업계에 종사하는 어떤 분이 지하철에서 책을 읽는 사람을 보면 트위터로 중계를 하기도 하더군요.

저는 시간 낭비를 자신에게 저지르는 큰 죄악으로 생각합니다. 인생을 낭비한 죄로요. 그래서 저는 반나절 혹은 하루 정도의 긴 시간은 가능한 한 계획을 세워서 보냅니다. 무엇을 해야 할지를 명확하게 기록한 다음 사용합니다.

중간중간에 생기는 짧은 시간들, 이를 테면 대중교통을 기다리거나 이동하는 시간, 누군가를 기다리는 시간, 미용실을 방문한 시간 등에는 그 시간에 맞는 일을 합니다. 오디오 강연을 듣거나, 책을 읽거나, 아이디어를 떠올립니다.

시간을 낭비하는 분들을 보면 5분 정도면 할 수 있는 일을 30분이나 1시간이 있어야 할 수 있다고 생각하는 경우가 많습니다. 5분 정도 시간이 날 때 일을 시작하면 되는데, 30분이나 1시간 정도가 생길 때까지 기다리니까 계속해서 일을 마무리하지 못하고 미적거리게 됩니다.

최근 너무 바쁜 삶의 속도에 대한 반성으로 '느리게 살기'가 유행입니다. 하지만 여유를 갖는 것과 시간을 낭비하고 미루는 것은 다릅니다.

자신에게 주어진 시간을 어떻게 보내는가는 철저히 자신이 선택하고 결정할 사안입니다. 그러나 자신이 자기 시간을 알뜰히 챙기지 않으면 누가 챙겨줄까요? 시간을 소중하게 사용해야 자신의 미래도 제대로 펼쳐질 것입니다. 잘 뿌려야 잘 수확할 수 있지요.

인생이라는 큰 그림을 두고 무엇이 되겠다, 무엇을 하고 싶다고 말하는 것도 중요합니다. 그러나 순간순간 작은 시간을 어떻게 보내고 있는가가 모여서 인생이란 강물의 물줄기가 결정됩니다.

시간은, 세월은 금방 가버립니다. 자신에게 주어진 시간을 귀하게 사용해야 합니다. 젊은 날을 헐렁하게 준비 없이 그냥 보내는 사람들을 보면 안타까운 마음에 가슴이 답답해집니다.

굳건한 삶의 **원칙***

Gong's definition

<u>실수로부터 나를 지켜줄 수 있는 가이드라인이 누구에게나 필요하다.</u>

▶ 기내에서 여성 승무원에게 비상식적으로 행동하여 사회적으로 물의를 일으켰던 어느 기업 임원의 이야기, 가방 속에 뇌물이 들어 있는 것을 알고 즉시 돌려준 사람과 미적거린 사람의 이야기, 친분이 있는 사람을 도와주었다가 불명예를 안고 자살을 선택한 전직 장관의 이야기.

그런 이야기를 접할 때 '내가 이런 사건들의 주인공이었다면 어떻게 처신해야 했을까?' 하고 생각해 보면 사는 데 도움이 됩니다.

'그런 건 나하고는 전혀 상관이 없는 일이야'라고 말할 분도 계실지 모릅니다. 하지만 누구에게나 이러한 실족의 가능성은 열려 있습니다. 그것을 최소화하기 위해서는 삶의 원칙을 세우고 살아가는 태도가 필요합니다.

저도 살아오면서 원칙 몇 가지를 세우고 실천하려고 노력하고 있습니다. 여러분과 공유해도 좋을 것 같아 소개합니다.

우선 분노 관리를 잘하자는 것입니다. 순간을 참지 못하고 분노를 터뜨림으로써 자신이 쌓아온 모든 것을 잃어버리는 어리석은 짓을 해서는 안 되겠지요.

조직이나 사회는 일반 직원들의 실수에 대해서는 웬만큼 관대합니다. 젊으니까, 혹은 어리니까 하고 이해합니다. 그러나 중간 간부 이상이나 임원이 되면 단 한 번의 실수에 대해서도 가혹한 처벌이 주어지지요.

저도 상당히 다혈질인 성격이기 때문에 돌아보면 아찔했던 순간들이 있습니다. 에스컬레이터에서 막무가내로 길을 막고 양보하기를 꺼리는 노인의 고집 때문에 화가 울컥하고 난 적이 있습니다.

그럴 때는 속으로 수를 세거나, 심호흡을 하거나, 걷는 등, 화를 다스리는 방법을 실천합니다. 그리고 평소에 사람들에게 너그러워지도록 노력합니다. 자신뿐 아니라 타인의 불완전성을 기꺼이 인정하고 화를 다스릴 수 있다면 예상치 못한 위험에 빠지는 것을 막을 수 있습니다.

둘째, 합법과 불법의 기준을 엄격하게 지키는 것입니다. '별일 있겠어?'라고 생각하고 내린 결정이 돌이킬 수 없는 결과를 낳을 수 있습니다.

행정 관료 A씨는 어려운 집안 형편에도 행정고시를 통과해서 착실히 경력을 쌓아왔고, 업무도 깔끔하게 처리하는 걸로 유명했습니다.

그동안 어떤 수뢰 사건에 연루되지도 않았고 여러 정권을 거치는 동안 중용되었던 인물입니다.

그러나 형 아우하고 지내던 사이의 사람에게 돈을 받은 사실이 밝혀지면서 자리를 비롯하여 모든 것을 잃었습니다.

셋째, 의사 결정을 내릴 때의 확고한 기준을 갖고 살아야 합니다. 살다 보면 중요한 의사 결정을 내려야 하는 일들이 적잖이 있습니다. 조직에서도 지위가 올라갈수록 의사 결정이 어려워지죠. 고려해야 할 이해 당사자나 관련 요소들이 점점 많아지기 때문입니다.

그럴수록 명료한 원칙이 필요합니다. 타인에게는 다소 융통성 없는 사람으로 비춰지더라도 자신이 정한 원칙에 따라 의사 결정을 내리는 것이 가장 현명합니다.

제가 의사 결정을 내릴 때의 원칙은 다음 세 가지입니다. 첫째, 합법적인가? 둘째, 윤리적인가? 셋째, 감정적이지 않고 이성적인가?

원칙에 따라 의사 결정을 내리기로 결심하더라도 상황에 따라 자신을 합리화시킬 수 있습니다. '이번만은 예외'라고 자신을 설득할 수 있지요. 그러나 그런 일들이 한 번 두 번 반복되면 자신에게 화를 미칠 수 있습니다.

사실 사소한 일이라는 것은 없습니다. 그렇게 생각하고 싶을 뿐이지요. 사소한 일이라 생각하며 방심하여 원칙을 저버리는 결정은 언제든 부메랑이 되어 돌아올 수 있습니다.

언젠가 제 홈페이지에 원칙에 따라 일을 한다는 것이 무엇인지에 대한 글을 올린 적이 있습니다. 한 직장인이 남긴 인상적인 후기가 있습니다.

"저는 30대 중반까지 모든 업무를 원칙에 따라 한다는 마음가짐으로 해왔습니다. 그게 뒤탈이 없기 때문이죠. 그러나 지금은 원칙적으로 하는 게 제일 쉬운 방법이라고 생각하기 때문에 그렇게 합니다."

그렇습니다. 원칙을 따르면 뒤탈이 없을 뿐 아니라 가장 쉽습니다. 원칙만이 언제 어디서나 우리를 보호해 줄 수 있습니다.

055
나를 비추는 **말***과 **글***

Gong's definition
현재의 나를 적나라하게 보여주는 거울. 말과 글이 거칠면 인생도 거칠어진다.

   평안한 일요일 저녁입니다. 그런데 잠시 쉬면서 트위터의 타임라인을 쭉 읽어가다 보니 인상이 찌푸려지는 글들이 너무 많네요.

자기소개에 '아름답고 밝은 사회를 꿈꾸는 사람'이라고 적어놓은 사람이 욕설에 가까운 이야기를 아무렇지 않게 연속해서 올립니다. 남편과 사이좋게 살며 아이 하나 잘 키우기를 소망한다고 스스로를 소개한 여성도 인신공격성 발언을 아무렇지 않게 올립니다.

저도 예전에는 트위터로 논쟁을 하곤 했습니다. 마지막으로 논쟁했던 것이 무상 급식과 관련한 서울시 주민 투표 때였습니다. 저는 주민 투표가 무상 급식으로 끝나지 않고, 한국 사회가 무상으로 달려가는 역사적 변곡점이 될 것으로 생각했습니다. 그래서 맹렬하게 반대 의견을 피력했죠.

그러나 필요한 사람에게만 무상 급식을 실시하자는 저의 주장은 소수 의견에 지나지 않았습니다. 그때 제가 트위터로 "내 새끼는 내가 먹이고 입히고 해야 하는 것 아닙니까?"라는 말을 했는데, 그것이 실수였습니다.

'내 새끼'라는 표현이 많은 사람들을 화나게 했고, 저는 엄청나게 욕을 먹었습니다. 물론 그 표현은 욕설이 아니라 '자식'을 뜻하는 말이었지만, 실수라면 실수지요. 어떤 경우든 표현은 다듬어져야 하니까요.

저는 이때를 기점으로 트위터에서 논쟁을 접었습니다. 격한 논쟁이 감정 소비를 심하게 한다는 것, 짧은 문장으로 사람을 설득하는 일은 어렵다는 것, 그리고 한 사회는 비용을 지불하기 전에는 배우기가 어렵다는 판단을 내렸기 때문입니다.

거친 언어 사용은 트위터로 대표되는 SNS만의 문제는 아닙니다. 포털 사이트와 각종 커뮤니티 사이트에서도 험한 글을 어렵지 않게 볼 수 있죠. 인터넷에 올라온 뉴스를 읽다가 댓글을 보고 기겁을 한 적도 있습니다.

사는 게 팍팍하고 인생이 기대한 대로 흘러가지 않기 때문에 격한 말과 글이 나올 수 있습니다. 혹은 별 생각 없이, 습관적으로 거친 말과 글을 쓰기도 합니다.

그렇게 격한 말과 글을 쓰는 것은 폭력 행위입니다. 언어폭력도 엄연한 폭력입니다. 때로는 더 큰 피해를 입히기도 하지요. 그리고 그 폭력이 향하는 곳은 상대방이기도 하지만 자기 자신이기도 합니다. 자신의 말과 글을 제일 먼저 보고 듣는 사람은 자기 자신이니까요.

저는 젊어서부터 험한 말을 입에 담았던 기억이 별로 없습니다. 첫 직장을 구하기 어려웠을 때나 살면서 중간중간 어려움이 닥쳤을 때 마음이 어두웠던 적은 있지만, 말까지 험하게 했던 기억은 없습니다. 마음은 어떻게 해볼 도리가 없을 때가 있지만 내뱉는 말은 통제할 수 있다고 생각하기 때문입니다. 그리고 험한 말들은 내 인격에 맞지 않는다는 자존심이 있었기 때문입니다.

언어는 그냥 나오는 것이 아닙니다. 그 사람의 품성과 태도, 생각에서 나옵니다. 반대로 품성과 태도, 사유 또한 언어를 통해 더욱 견고해집니다. 우리가 사용하는 언어가 우리의 생각과 인격, 나아가 우리의 삶에 큰 영향을 미칠 수 있다는 것이죠.

'내 일이, 내 인생이 왜 이렇게 자꾸 꼬이지?' 이런 한탄이 들면 자신의 말·글·표정·행동을 먼저 점검해 보세요. 습관적으로 부정적인 말과 글을 쓰거나, 안 좋은 표정을 짓고 있지 않나요? 그렇게 모든 게 부정적인데 운인들 따르겠습니까?

이러한 분들이 먼저 해야 할 일은 두 가지입니다. 하나는 말과 글을 긍정의 언어로 탈바꿈시키는 것이고, 둘째는 표정을 일부러라도 밝게 갖는 것입니다. 고운 말, 정중한 말, 사려 깊은 말, 힘을 돋우는 말, 열정을 보태는 말을 하며 살아야 합니다.

말과 글로 덕을 쌓다 보면 인생도 잘 풀리고, 운명의 거친 파고도 잘 넘길 수 있습니다. 또한 은인을 만나기도 해서 기대하지 않은 기회도 잡게 됩니다.

말과 글로 실수를 하지 않으려면 강도와 속도를 한 단계 낮춰야 합니다. 대화할 때도 그렇고, SNS나 인터넷에서도 마찬가지지요. 순간적으로 화나는 말과 글이 떠오르더라도 한 박자 늦춰서 생각하면 조금 화가 누그러집니다. 다른 각도에서 생각할 수도 있고, 상대방의 입장에서 생각해 볼 수도 있고요. 그러면 말과 글은 저절로 다듬어집니다.

세상은 통제할 수 없지만 자신의 입과 손으로 나오는 결과물은 최대한 통제할 수 있습니다. 화가 잔뜩 난 얼굴로 세상을 바라보면 험한 말이 나오고, 세상을 여유 있게 바라보면 고운 말이 나오죠.

어느 날 갑자기 말과 글을 신중하게 사용하기는 힘듭니다. 오늘부터라도 당장 말과 글을 다듬는 연습을 해보면 어떨까요?

> "말을 할 수 있기에 사람은 짐승보다 낫다. 그러나 바르게 말하지 않으면 짐승이 우리보다 나을 것이다." —사디

평생 습관, 배움*

Gong's definition

내 인생에 대한 예의. 누구나 자기 자신을 가르치는 교사가 되야 한다.

▶ 미국의 베들레헴이라는 작은 도시에서 70대 중반의 할아버지를 만난 적이 있습니다. 찰스라는 이름의 그 할아버지의 집을 몇 번 방문했는데, 매번 공공도서관에서 빌린 두꺼운 소설책이나 역사책을 읽고 메모하는 모습을 볼 수 있었습니다. 젊은이들도 선뜻 도전하기 힘든 두꺼운 책들을 읽으시더군요. 그분에게는 사람은 살아 있는 동안에는 끝없이 배워야 한다는 굳건한 믿음이 있으셨습니다.

배움을 얻는 일, 쉽게 말해서 공부는 학교 다닐 때만 하는 게 아니지요. 찰스 할아버지처럼 공부는 평생 계속해야 하는 것입니다. 책을 읽든, 신문을 읽든, TV를 보든, 사람을 만나든, 자연 속을 거닐든, 모든 상황에서 배움을 얻을 수 있어야 합니다.

교직에 몸담기 시작한 지 3~4년 된 선생님들을 대상으로 강의할 기회가 있었습니다. 젊은 영어 선생님 한 분에게 요즘 어떤 책을 읽고 있는지 물어보았습니다. 책을 거의 읽지 않는다고 답하시더군요. 영어교사라면 영문 소설책을 읽어도 좋을 텐데, 읽는 즐거움과 배움의 유익함을 놓치고 있구나 하는 생각이 들었습니다.

얼마 전에 데이비드 브룩스의 『소셜 애니멀』이란 책을 읽었습니다. 그 책에는 테일러 선생님이라는 멋진 고교 교사가 등장하지요. 그 선생님은 아름다운 교육관을 갖고 있는데, 그 교육관은 다음과 같이 묘사되어 있습니다.

> 테일러 선생의 목적은 학생들을 독학자로 만드는 것이었다. (……) 열심히 공부하면 비록 고되기는 하지만 어느 순간 반짝거리면서 나타나는 즐거움, 그 맛이 어떤 것인지 가르쳐주고 싶었다. (……) 그러면 학생들은 그녀 덕분에 인생의 나머지 기간 동안 자기 스스로를 가르치는 교사가 될 터였다. — 데이비드 브룩스, 『소셜 애니멀』

단지 가르치는 동안 학생들에게 지식을 주입하는 게 아니라, 평생 스스로를 가르치는 교사로 살아갈 수 있는 방법을 가르치는 것이야말로 훌륭한 교육관이지요.

우리가 살아가는 세상은 시끄럽고 불안정합니다. 또한 변화 속도는 너무 빨라서 따라가기가 힘에 부칩니다. 하지만 어디서 무엇을 하며 살아가든 '계속해서 자기 자신을 가르치는 교사'가 될 수 있다면 이런 세상 속에서도 두려울 것이 무엇이 있을까요?

"21세기의 문맹자는 읽을 줄 모르고 쓸 줄 모르는 사람이 아니다. 배우지 않으며, 배운 것을 버리지 않으며, 다시 배우지 않는 사람이다." —앨빈 토플러

저는 직장 생활 초년에 테일러 선생님 같은 훌륭한 상사를 만난 적이 있습니다. 20년도 전에 그분과 '앞으로 한국과 일본이 어떻게 될까?'라는 질문에 대해 대화를 나눈 적이 있습니다. 그분은 "디지털 기술이 활성화되면 격차는 순식간에 줄어들고 두 나라의 위치가 바뀔 수도 있어요"라고 말씀하셨습니다. 방대한 독서가 가져온 혜안이었습니다.

젊은 날부터 제가 폭넓은 독서에 열을 올리게 된 하나의 계기는 그분이 제공하셨다고 볼 수 있습니다. 저의 협소한 시야와 주변 지식의 부족함에 부끄러움을 느끼며, 좁은 전문가로 머물다 가서는 안 되겠구나 생각하게 되었습니다.

모두가 성공하고 싶고 행복하게 살고 싶어 합니다. 그러나 세상 일의 대부분은 인과관계가 성립합니다. 성공과 행복이라는 결과를 얻으려면 그에 상응하는 무언가를 투입해야 합니다.

그 중 하나가 지속적인 배움입니다. 배움에 대한 열의를 갖고 자신의 분야와 직·간접적으로 연결된 부분들을 공부하고, 세상의 진리에 대해 공부해야 합니다. 그러다 보면 문제 해결 방법을 찾을 수 있고, 의외의 기회를 발견할 수도 있습니다.

끊임없이 배우지 않고 얄팍한 지식으로 무모하게 목소리를 내는 사람들을 많이 봅니다. 잘 모르는 분야를 차근차근 공부하면 자기도 발전하고, 사회의 소란스러움도 줄어들고, 사회적 비용도 크게 줄어들 텐데……. 온통 확신에 찬 전문가들뿐입니다. 공부하고, 남의 이야기를 귀 기울여 들어보면, 무엇이 옳고 그른지를 좀더 잘 구분할 수 있을 텐데요.

한편, 배움은 그 자체로 순수한 즐거움을 주기도 합니다. '학이시습지불역열호(學而時習之不亦說乎, 배우고 때로 익히니 즐겁지 아니한가)'. 잘 알다시피 공자의 말씀입니다. 공자는 '배우고 익혀서 무엇을 하니 즐겁다'라거나 '무엇을 하기 위해 배우고 익히니 즐겁다'라고 하지 않았습니다.

호기심의 충족, 성장하고 있다는 자긍심, 앎을 통한 사고의 확대 등 돈으로 살 수 없는 즐거움을 배움을 통해 얻을 수 있습니다. 온전히 배움 그 자체의 가치를 이해한다면 배움은 의무가 아니라 살아 있는 모든 사람이 언제 어디서나 즐겁게 해야 할 보통의 일이 될 것입니다.

057

집중력* 기르기

Gong's definition
삶이 제자리를 찾게 해주는 중요한 힘. 깨진 것을 자책 말고 회복에 신경 써라.

 예로부터 '한 우물을 파라'는 말을 많이 합니다. 주변에 보면 공부를 해도 이 과목 잠깐 했다가, 저 과목 잠깐 했다가, 일을 해도 이 일 조금 했다가 다른 일 했다가 하는 사람들이 있지요. 그런 사람들 치고 잘되는 걸 본 적 있으세요? 저는 거의 보지 못했습니다.

무슨 일을 하든, 하루를 보내든 1년을 보내든 늘 목표를 정해서 거기에 집중해야 무언가 해낼 수 있습니다.

저 같은 1인 기업가는 특히 시간 배분을 잘해서 그때그때 하는 일에 집중하는 것이 중요합니다. 혼자 많은 일을 직접 처리해야 하는데, 할 일에 비해 시간이 부족합니다. 시간을 조직화해서 사용하는 나름의 방법이 없으면 심신이 피로해지는 것은 물론, 이런 생활을 계속할 수도 없습니다. 해야 할 일과 하지 않아도 되는 일, 우선적으로 해야 할 일, 포기해야 할 일을 잘 정리한 후 집중해서 추진하는 지혜와 뚝심이 있어야 합니다.

처음부터 일의 순서를 너무 정교하게 계획하지 마세요. 먼저 해야 할 일들을 나열하듯이 기록한 다음, 일을 진행하면서 집중해야 할 대상을 자율적으로 결정하는 방법이 좋습니다. 사람은 자율적으로 결정할 수 있을 때 신바람이 나기 때문이죠.

간혹 집중하지 않고도 좋은 성과를 거두는 사람이 있습니다. 그런 사람은 엄청난 재능을 타고났거나, 대단한 행운이 함께하거나 둘 중 하나일 거예요. 평범한 사람이 무언가에 집중하지 않고 성공하는 것은 불가능합니다. 지금까지 제가 살아오면서 느낀 바로는 그렇습니다.

무언가에 화력을 집중시킨 채 폭발적으로 밀어붙이는 능력은 우리가 키워야 할 핵심 능력입니다. 집중력은 근육처럼 훈련을 통해 키울 수 있습니다.

얼마 전에 방송에서 특이한 분을 보았습니다. 중학교만 나오신 분인데, 독학으로 수능시험을 공부하고 게임에 빠져 방황하는 아들의 마음을 사로잡아 서울대학교 경영대학에 보낸 아버지였습니다. 그분은 스톱워치를 사용해서 15분 공부하고 2~3분 쉬고, 또 15분 공부하는 식으로 집중력을 훈련시킨 경험담을 털어놓았습니다.

이처럼 뭘 하든지 짧은 시간에 밀어붙인 다음 휴식을 취하는 습관도 집중력을 높이는 한 가지 방법입니다.

다시 말해 해야 할 일들에 시간제한을 두는 것입니다. 시간에 대해 적절한 압박감을 느끼면 평소에는 기대할 수 없을 정도의 집중력을 발휘할 수 있지요.

예를 들어, 보고서를 써야 한다면 몇 시부터 몇 시까지로 시간을 정해놓는 겁니다. 그리고 가능한 한 그 시간 안에 보고서를 쓸 수 있도록 최대한 집중합니다. 더 과감한 방법은 마치 게임처럼 시간을 단축하도록 자신을 몰아붙이는 것이지요.

단, 지나치게 압박감이 심하면 오히려 스트레스의 요인이 될 수 있으므로 주의해야 합니다. 어느 정도 현실적인 시간을 분배해야겠죠. 3시간은 걸리는 일을 1시간에 해내겠다는 건 무모한 일입니다. 그리고 중요한 일들을 해내고 난 뒤에는 어느 정도 휴식을 취하거나 취미생활을 하도록 합니다. 그렇게 하면 다시 어떤 일에 집중할 수 있겠지요.

또한 장시간 일을 할 때는 계속 앉아서 하기보다는 1시간마다 자리에서 일어나 잠깐 몸과 마음을 이완하는 시간을 갖습니다. 앉아 있을 때는 집중, 서서 잠시 시간을 보낼 때는 이완하는 식으로 말입니다. '집중-이완-집중-이완' 식으로 일을 하는 거죠. 그래야 오랜 시간 집중력을 유지할 수 있습니다.

리처드 왓슨의 『퓨처 마인드』를 보면 집중력을 높이기 위해 주의해야 할 것 중 하나가 멀티태스킹을 자제하는 것입니다. 사람들이 잘못 알고 있는 것 중 하나가 멀티태스킹 능력입니다. 동시에 여러 가지 일을 하는 것을 멀티태스킹이라고 하죠. 그리고 그렇게 할 수 있는 사람을 대단한 능력을 가진 것처럼 생각합니다.

그러나 인간의 뇌는 엄밀히 말해서 동시에 여러 가지 일을 할 수 없습니다. 한 가지 일에서 다른 일로 빠르게 회로를 전환하는 것뿐입니다. 그런데 그렇게 사고를 빠르게, 계속해서 전환하는 것은 두뇌 기능을 손상시킨다는 연구 결과가 있다고 합니다. 스트레스 호르몬 분비를 증가시킨다고도 하고요.

저의 경험으로 보아도 무언가에 집중하는 뇌의 능력은 제한적입니다. 과도한 멀티태스킹은 주의력을 분산시키고 뇌의 피로도를 크게 높입니다.

제 서재에는 컴퓨터 모니터가 네 개 있습니다. 가끔씩 네 개를 모두 켜놓고 작업을 할 때도 있죠. 자료를 검색하고 그 자료를 띄워놓은 채 작업을 해야 하는 경우에는 모니터를 함께 사용합니다만, 최근에는 그 빈도를 현저히 줄였습니다. 그런 작업이 집중력을 낮출 뿐 아니라 산만하게 만들어서 피로도를 높인다는 것을 알았기 때문입니다.

그래서 글을 써야 할 때처럼 고도의 집중력을 요구하는 일을 할 때는 모니터를 하나만 켜두고 작업합니다. 주변 모니터를 모두 꺼버린 상태로 업무를 진행할 때가 가장 높은 집중력을 유지할 수 있습니다.

생활 리듬* 되찾기

Gong's definition
언제나 깨질 수 있지만 언제든 원위치시킬 수 있는 흐름.

 "참 인상이 좋습니다."

제가 자주 듣는 말입니다. 늘 웃는 표정이고 편안한 인상이라는 말을 자주 듣지만, 이는 오랫동안 노력을 통해 얻은 것입니다.

겉으로 보이는 모습과 그 사람의 진짜 모습 사이에는 차이가 있는 경우가 많죠. 저처럼 겉으로 평온해 보이는 사람들 가운데에 감정의 기복이 심한 사람들도 있습니다.

이따금 2년 터울의 형과 저를 비교해 보면 한부모 밑에서 태어났지만 태생적으로 차이가 많습니다. 형은 아주 평온한 스타일이고 저는 정반대거든요.

젊어서부터 중년 초반까지 저는 팽팽하게 긴장해 있었고 감정의 업다운이 심한 편이었습니다. 게다가 무리한 목표를 세우고 그것을 달성하기 위해 스스로 들볶는 스타일이었기 때문에 몸과 마음이 지쳐 있는 경우가 많았습니다. 과중한 업무에다 긴장 상태가 지속되다 보면 화를 내지 않아도 될 일에 화를 내게 되지요.

생활을 가능한 한 규칙적으로 하고 생활 리듬이 깨지지 않도록 노력한 것은 제가 가진 원래의 특성, 즉 감정의 기복이 심하다는 약점을 보완하기 위한 해결책이었습니다.

또한 생활 리듬이 깨지면 알레르기 증세가 저를 괴롭혔습니다. 알레르기가 재발하면 정신을 차릴 수 없을 정도로 콧물과 눈물이 흐르기 때문에 가장 겁나는 일이었지요. 강연을 앞두고 그런 증세가 생기는 경우를 상상해 보면 재앙에 가까운 일입니다.

하지만 아무리 노력을 한다고 해도 휴가를 다녀오거나 늦은 모임이 있던 다음 날에는 저도 생활 리듬이 깨집니다. 주말을 보내거나 휴가를 다녀오면 심신이 재충전되어 일이나 일상을 더 잘 해낼 것 같지만, 사실 그렇지 않은 경우가 많죠. 사람의 몸과 마음은 정교한 기계와 같아서 며칠 일상을 떠났다가 돌아오면 다시 정상궤도에 올리기 힘듭니다.

몸이 좋지 않아서 생활 리듬이 무너졌을 때는 물론 쉬어야 합니다. 그래야 에너지를 회복할 수 있습니다. 쉬지 않고 계속 무리하다가는 건강을 더 크게 해칠 수 있습니다.

생활 리듬을 깨지 않는 일도 중요하지만, 깨진 다음 신속하게 회복하는 일도 중요합니다. 여러분은 어떤 방법을 사용하고 계시나요? 저는 생활 리듬이 깨지는 경우를 찬찬히 살펴보면서 제가 확실히 통제할 수 있는 한두 가지를 찾았습니다.

그 중 하나가 새벽 기상 시간입니다. 이것만 제대로 지킬 수 있다면 웬만큼 생활 리듬은 일정 수준을 유지할 수 있습니다.

다른 하나는 제가 참가하지 않아도 되는 모임이나 일에 대해서는 '노'라고 이야기하는 것입니다. '노'라고 해야 하는데 '예스'라고 하면 두고두고 스트레스를 받고 이런 일들이 생활 리듬을 출렁거리게 만들거든요.

마지막으로 한 가지를 더하자면, 완벽함에 대한 환상을 버리는 일입니다. 어떤 이유로든 생활 리듬이 깨졌을 때는 우선 그 사실을 자연스럽게 받아들이는 게 좋습니다. 우리는 기계가 아니고 인간이기 때문에 당연히 생활 리듬이 깨질 수 있습니다. 기분 나빠하거나 자책할 필요가 전혀 없습니다. 그리고 어떻게 정상화시킬 것인가에 집중해야 합니다.

언젠가 화가 잔뜩 나서 생활 리듬을 잃었을 때의 일입니다. 책장에서 알랭 드 보통의 『드 보통의 삶의 철학산책』이란 책을 펴서 읽기 시작했습니다. 그 책에 등장하는 세네카가 말하는 분노에 대한 이야기는 저를 부끄럽게 했을 뿐 아니라 바로 생활을 재개하게 했습니다.

분노보다 더 신속히 광기에 이르는 길은 없다. (분노한) 많은 사람들은 마치 미친 사람이 자신의 광기를 거부하듯이 자신이 분노에 떨고 있다는 사실을 부인하면서, 자식들을 죽어라 꾸짖고, 자신을 정신박약자로 끌어내리고, 가정에 저주를 퍼붓는다. 그들은 가장 가까운 친구들에게도 적이 되고, 법을 무시하고, 모든 일에 주먹다짐을 한다. 병 중에서도 가장 심각한 병이 그들을 엄습하는데, 그 병은 다른 모든 악을 압도한다. ─ 알랭 드 보통, 「드 보통의 삶의 철학산책」

분노는 아드레날린과 같은 호르몬 분비와 깊은 관련이 있어서 심한 분노 이후에는 몸과 마음에 상당한 부담을 주고 다시 평온함을 찾는 데 시간이 걸립니다. 나이가 들어가면서 분노의 부작용은 더 커집니다. 화를 삭이고 마음의 평정심을 유지하는 데 오랜 시간이 걸리기 때문입니다.

저는 분노 때문에 생활 리듬이 망가졌을 때 성경의 잠언, 전도서, 그리고 시편 등을 자주 읽습니다. 한두 문장으로 툴툴 털어버리고 일어설 수 있도록 도와주거든요. 자신을 지키는 문장들을 암송하여 머릿속에 지니고 다니는 방법도 도움이 됩니다.

업과 다운은 삶에서 피할 수 없습니다. 다운 상태가 되었을 때 생활을 원위치시킬 수 있는 효율적인 방법을 터득해 두었다가 활용할 수 있으면 됩니다.

059

남을 돕는* 일

Gong's definition

의미 있는 삶을 향한 실천. 남을 돕는 길이 결국 나를 돕는 길이다.

▶ 저는 영국 작가 찰스 핸디를 좋아합니다. 자신만의 철학이 있는 자기계발 분야 작가이지요. 제가 읽었던 그의 마지막 작품은 『찰스 핸디의 포트폴리오 인생』이라는 책입니다. 이 책의 마지막 부분에 일흔 살 생일을 맞은 소회가 소개되어 있습니다.

(젊은 날에) 이기적이었던 부분에 대한 반성도 빼놓을 수 없다. 결코 궂은일에 손을 담그지 않고 가난한 사람이나 실업자와 함께 뭔가를 도모하지 않고 그저 그들에 대한 글만 썼다는 것이 아쉽다. (……) 나는 젊은 시절에는 내 미래만을 너무 걱정한 나머지 다른 사람을 챙기지 못했다. 지금도 좋은 목적을 위해 돈을 내놓기는 할지언정 현장으로 가서 궂은일을 하지는 않는다. 이제는 가봐야 도움보다는 폐를 끼

칠 가능성이 높다고 나름대로 항변도 한다. 어쩌면 맞는 말일 것이다.

— 찰스 핸디, 『찰스 핸디의 포트폴리오 인생』

이 대목에서 저는 혼자 씩 웃었습니다. 누구나 가보지 않은 길은 아쉽지요. 그러나 다시 젊은 날이 오더라도 찰스 핸디는 궂은일을 하기 위해 현장에 뛰어들지는 않을 거라고 생각했습니다. 작가는 대부분 관찰자 혹은 구경꾼의 특징을 갖고 있기 때문입니다. 운동가나 행동가와는 다르지요.

찰스 핸디는 자신이 잘할 수 있는 일, 즉 글쓰기를 통해 많은 사람들에게 꿈과 희망, 용기를 북돋워주었기 때문에 자기 방식대로 남을 잘 도와온 삶을 살았습니다. 그와 일면식도 없는 저 같은 독자도 많은 영향을 받고 감사한 마음을 갖고 있지 않습니까.

저도 작가여서일까요? 저 역시 행동으로 타인을 돕는 일에는 익숙하지 않습니다. 어려운 사람들을 위해서 정기적으로 돈을 기부해 온 지는 오래되었습니다. 모임에서 갑자기 누군가를 도와야 할 일이 생겼을 때 기부금을 내기도 합니다. 그리고 사람들의 행동을 따뜻하게 바라보고 자주 덕담을 건네거나 격려하고 감사의 말로 용기를 주기도 합니다.

하지만 현장에서 행동으로 타인을 돕는 일에는 익숙하지 못합니다. 그 이유를 생각해 보니, 체질상 잘 맞지 않는 것 같습니다. 노력하면 나아지겠지만 다른 사람들과 함께 행동하거나 보조를 맞추는 데 서

튼 사람들이 있다고 생각합니다. 저도 그런 사람 가운데 하나겠지요.

얼마 전에 한 분으로부터 교도소에 수감되어 있는 동안 저의 책 『공병호의 인생강독』이 큰 도움이 되었다는 이야기를 들었습니다. 그 책은 역경을 극복한 사람들의 이야기를 모은 책입니다. 역시 사람들은 저마다 타인을 돕는 나름의 방법이 있다고 생각합니다.

세상을 살아가면서 같은 시대를 살아가는 다른 이들에게 도움을 주는 것은 중요한 일입니다. 우리도 알게 모르게 다른 사람들로부터 여러 가지 도움을 받으며 살고 있으니까요.

물론 이렇게 머리로는 잘 알면서도 가슴이나 행동이 뒤따라주지 않을 때가 많습니다. 지하철에서 동정을 구하는 이들에게 작은 성의 표시라도 해야 할지, 봉사 활동 기회가 왔을 때 직접 가야 할지, 연말 구세군 냄비 앞을 지나며 돈을 넣을지 말지…….

어쨌든 돕기로 마음먹었다면 자신에게 맞는 방법으로 남들을 도우며 살아가면 됩니다. 남을 돕는다는 사실이 중요하지, 모두가 똑같은 방법으로 도울 필요는 없습니다.

금전적으로 도울 수 있다면 금전적으로 돕고, 몸을 움직여 도울 수 있다면 그렇게 하고, 자신이 하는 일을 통해서 도움을 줄 수 있다면 그렇게 하면 됩니다. 단, 어떠한 형태든 진정성이 먼저여야 한다는 것을 명심해야 합니다.

평생 봉사와 헌신의 삶을 살다 간 것으로 유명한 테레사 수녀님은 "남을 돕는 일이 나를 돕는 일입니다"라는 말을 남기셨습니다.

그런데 여러 연구를 통해 테레사 수녀님의 이 말씀은 과학적 근거가 있는 것으로 밝혀지고 있습니다. 남을 도우며 살아가는 사람이 그렇지 않은 사람보다 행복감을 더 느끼며, 질병에 걸릴 확률도 낮고, 건강이 좋아지는 경우들이 적지 않다는 것입니다.

여러분도 모두 경험해 보았을 것입니다. 지하철이나 버스에서 임산부에게 자리를 양보했을 때, 무거운 짐을 들고 가는 할머니의 짐을 들어드렸을 때, 길을 찾지 못해 고생하는 사람을 목적지까지 안내했을 때, 나 자신이 조금은 더 좋은 사람이 된 듯한 좋은 기분이 들고, 세상을 아주 조금은 더 살 만한 곳으로 만드는 데 기여했다는 생각이 들어 흐뭇하지 않던가요?

남을 도우면 그렇게 자부심이 높아지고, 에너지와 활력을 느낄 수 있습니다. 이런 현상을 '헬퍼스 하이(Helper's High)'라고 부르기도 한다죠. '헬퍼스 하이'는 모르는 사람을 대가 없이 도울 때 엔도르핀이 분비되며 심리적 만족감을 느끼는 현상을 가리킵니다.

'테레사 수녀 효과'라고도 불리는 헬퍼스 하이는 장거리 달리기를 할 때 고통이 시작될 무렵 체내에서 마약성 물질이 분비되면서 행복감이나 희열을 느끼는 현상인 '러너스 하이(Runner's High)'에서 온 표현입니다.

결국 남을 돕는 행동은 남을 돕는 일이자 동시에 나를 돕는 일입니다. 어려움에 처한 이웃들에게 크든 작든 도움을 주니 좋고, 자신도 더 행복해져서 좋고, 세상이 좀더 살 만한 곳이 되니 좋고. 일석삼조이지요.

유네스코의 이리나 보코바 사무총장이 2011년에 우리나라를 방문했을 때 학생들이 "어떻게 하면 세상을 바꿀 수 있을까요?"라는 질문을 했다고 합니다. 그러자 보코바 사무총장은 이렇게 답했다고 하지요. "한국의 젊은이들이여, 자기 시간의 10퍼센트를 남을 위해 봉사하라. 그러면 세상이 달라질 것이다."

자신이 더 행복해지는 길, 나아가 세상까지 바꿀 수 있는 길은 멀리 있지 않습니다. 자신이 할 수 있는 방법으로 남들에게, 이 세상에 도움을 주는 것입니다.

혼자서 잘 먹고 잘 살다가 훌쩍 떠나버리는 삶은 아쉽지 않을까요? 세상을 바꾸는 데 작은 힘이나마 보태는 삶이 더 의미 있는 삶입니다. 모르는 사이에 자신이 누군가에게 받은 은혜를 갚는 일이기도 할 거고요.

때로는 **안테나*** 끄기

Gong's definition
TV에서 스마트폰까지 적절한 시점에 로그아웃하라. 인생을 지배당하고 싶지 않다면.

▶ 여러분도 시간만 나면 스마트폰을 만지작거리나요? 스마트폰을 갖고 놀다 보면 시간 가는 줄 모르나요? 학업이나 업무에 지장이 생길 정도인가요? 스마트폰이 없으면 초조하고 불안한 마음이 드나요?

위의 질문들은 '스마트폰 중독 여부 체크 리스트'의 항목 중 일부입니다. 저도 자꾸만 스마트폰을 만지작거리는 자신을 보면서, '이게 중독이란 거구나' 하고 생각한 적이 있습니다. 한참 트위터에 빠져 있던 몇 해 전의 일이지요. 그때 생각해 낸 해결책은 트위터에 접속한 시간을 기록하여 되도록 한 시간 간격을 유지하는 것이었습니다.

요즘은 스마트폰이 생활을 편리하게 하는 수단을 넘어서서 사람들을 지배하게 된 것이 아닌가 하는 우려가 들기도 합니다.

자본주의 사회에서는 무언가를 팔아야 합니다. 따라서 파는 사람은 고객을 중독시키려고 노력하죠. 고객의 입장에서는 그런 중독 현상이 가져올 장단기적 영향을 엄밀히 따져야 합니다. 그런데 스마트폰에는 당장의 재미를 주는 것들이 가득하기 때문에 중독에 빠질 가능성이 큽니다.

최근에 제가 가르치는 아이들의 부모님들이 하는 가장 큰 고민은 스마트폰을 어떻게 해야 할까 하는 점이라고 합니다. 한참 공부해야 하는 시기의 학생들에게 스마트폰 중독이 가져올 부정적인 영향은 상당히 클 것 같습니다.

그 영향이 본격적으로 모습을 드러내는 데는 제법 시간이 걸리겠지만, 당장 배우는 즐거움을 크게 줄이고 집중력을 떨어뜨리는 부작용이 있습니다.

학생들만이 아닙니다. 성인들도 마찬가지입니다. 바쁜 생활 속에 컴퓨터와 인터넷에 이어 스마트폰이라는 자극이 더해지면서 집중력은 떨어지고 정신은 산만해집니다. 너무 많은 외부 자극에 노출되다 보니 심신이 피로해지고 마음의 평정심도 깨집니다.

작업을 하다 보면 무심코 인터넷에 자꾸 접속하게 되는 날이 있습니다. 그런 날 하루를 돌아볼 때면 두 가지를 확실히 느낍니다. 하나는 집중력 저하로 인해서 업무 처리량이나 질이 평소보다 떨어졌다는 점이고, 다른 하나는 심리적 피로감입니다.

그래서 저는 한 가지 과제를 마치고 또다른 과제를 시작할 때는 중간에 컴퓨터를 끕니다. 집중적으로 업무를 할 때는 스마트폰도 꺼버리지요. 이렇게 '오프' 상태로 들어가는 것은 외부와의 결별을 선언하는 일종의 의식입니다.

얼마간의 시간이 지난 후 다시 '온' 상태로 돌아가는 것은 생활에 일정한 리듬을 제공하거나, 결의를 다지거나, 집중력을 유지하는 데 도움이 됩니다.

새로운 기술의 빛과 그림자를 제대로 파악해서 그림자를 줄여가는 것은 각자의 몫입니다. 하루에 몇 시간은, 스마트폰, 컴퓨터, TV를 꺼놓기 바랍니다. 잠깐만이라도 외부의 자극을 차단하고 고요를 즐기는 시간을 갖는 겁니다.

21세기를 살아가는 우리는 바쁘게 살아갈 수밖에 없지요. 그럴수록 가끔씩은 불필요한 안테나를 끄고 내면의 소리에 귀를 기울일 수 있어야 합니다.

나에게 주는 **선물***

Gong's definition

고해와 같은 인생, 틈틈이 수고한 나를 위해
축하 파티를 열어주자.

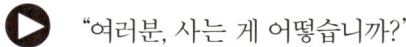 "여러분, 사는 게 어떻습니까?"

한 모임에 참석해서 이런 질문을 던졌습니다. 그런데 선뜻 답하는 분이 없더군요. 그래서 유복한 집안에서 태어나 좋은 교육을 받고 큰 사업체를 물려받아 키워온 회장님께 물어보았습니다.

돌아온 답은 예상과 전혀 달랐습니다.

"사는 게 말입니다. 그게 고(苦)입니다."

짧고 단호한 답이었습니다. 참석자 중에는 "아니 회장님이 그렇게 말씀하시면 우리는 어떡하라고요?"라고 묻고 싶은 사람들도 있었을 것입니다.

사는 게 만만치 않고 힘든 것이 사실입니다. 그러나 삶의 무게를 줄이고 씩씩함을 더할 수 있는 방법은 얼마든지 있습니다. 그중 하나가

때때로 스스로에게 선물하는 것입니다.

'인센티브는 중요하다(Incentive Matters).' 제가 무척 중요하게 여기는 삶의 원칙입니다. 타인을 칭찬하는 일도 쉽지 않지만, 생각해 보면 우리는 자신을 칭찬하고 격려하는 일에 더 인색합니다.

부하를 혹은 배우자를, 자녀를 칭찬하고 격려하라는 이야기를 자주 듣지만, 자신을 대접하거나 격려하거나 칭찬하는 일에는 익숙하지 않습니다. 바로 이 점에서 변화를 시도해 보면 어떨까요?

어느 날 퇴근이 가족들보다 조금 일렀던 적이 있습니다. 소파에 가만히 앉아서 어둠이 서서히 찾아오는 거실을 지켜보고 있었습니다. 분주한 일상이지만, 그렇게 속도를 늦추고 천천히 흐르는 강물처럼 의식 속에 이런저런 일들이 흘러가게 내버려두고 있자니 참 행복하다는 생각이 들었습니다.

이는 비용이 드는 일도 아니고 오랜 시간이 필요한 일도 아닙니다. 의도적으로 잠시 멈추어 서는 것을 바쁘게 살아가는 자신에게 주는 하나의 선물이라 생각하면 어떨까요?

미국인에게 사랑받는 동화작가이자 독특한 라이프스타일로 살아가며 많은 사람들에게 영감을 주었던 타샤 튜더는 『타샤의 행복』이란 책에서 이런 이야기를 한 적이 있습니다.

"요즘은 사람들이 너무 정신없이 산다. 카모마일 차를 마시고 저녁에 현관 앞에 앉아 개똥지빠귀의 고운 노래를 듣는다면 한결 인생을 즐기게 될 텐데."

우리가 사는 곳이 반드시 타샤가 살았던 버몬트처럼 한적한 시골이어야 할 필요는 없습니다. 분주한 도시의 한 장소를 언제든 버몬트의 한적한 시골처럼 만들 수 있습니다.

제가 저에게 주는 또 하나의 상은 '책걸이'를 하는 것입니다. 집필한 책이 한 권 마무리될 때마다 혼자서 조촐하게 축하파티를 엽니다. 미술 전시회를 찾거나, 영화관에서 영화를 보거나, 박물관을 방문하거나, 여행을 가거나, 읽고 싶었던 책들을 읽습니다.

여러분도 아시다시피 저는 시골 출신입니다. 어린 시절부터 예술을 즐기고 감상할 기회는 거의 없었습니다. 하지만 어느 날 제가 미적인 것을 보는 데서 특별한 즐거움을 얻는다는 사실을 알았습니다.

또 예술 작품뿐만 아니라 앤티크 가구들이 가진 아름다움에서 큰 즐거움을 누린다는 사실도요. 저의 집에 멋진 앤티크 의자와 책상들이 자리를 잡고 있는데, 저에게 주는 선물이지요.

몇 해 전 어느 날의 일입니다. 집필 중이던 책을 오전 중에 탈고하고 나서 일정을 확인해 보니 마침 4일 정도 강연이 없었습니다. 주말을 포함해서 일주일 정도 시간을 낼 수 있겠더군요.

그래서 바로 그날 오후에 일본으로 갔습니다. 왕복 항공권 두 장만 들고서요. 어디를 갈지, 어디서 잘지 등 모두 정하지 않고, 아무 준비 없이 떠난 여행이었습니다. 그리고 일주일 정도 혼자 실컷 놀다 왔지요.

그렇게 큰 선물이 아니어도 좋습니다. 가끔씩 바쁜 업무 중에 자투리로 남는 점심시간을 이용해 환히 거리가 내다보이는 찻집에 앉아 창밖을 지켜보는 일도 선물입니다. 실용적인 목적을 가진 책이 아니라 영혼에 도움을 줄 수 있는 책을 몇 시간 정도 읽는 것도 자신에게 주는 작은 선물입니다.

먹는 것을 좋아하는 사람도 있고, 입는 것을 좋아하는 사람도 있고, 보는 것을 좋아하는 사람도 있고, 체험하는 것을 좋아하는 사람도 있습니다. 자신의 취향에 맞는 선물을 하면 됩니다.

이렇게 원하는 대로 시간을 보내다 보면 행복이란 가까이 있는 것임을 온몸으로 느낄 수 있습니다.

얼마든지 긴 시간이나 큰돈을 들이지 않고도 자신에게 보상해 줄 수 있습니다. 몸의 상태를 점검하는 건강검진도 1년 터울로 자신에게 선사하는 선물이 될 수 있습니다.

수고한 자신에게 작은 선물을 자주 안겨주세요. 삶은 크게 달라질 것입니다.

슬럼프* 극복

Gong's definition

지나가길 기다리기만 하면 더 질기게 우리를 괴롭히는 괴로움. 움직여야 사라진다.

▶ 세월이 흐르고 나이가 들면서 느끼는 변화 중 하나가 젊은 날에 비해 슬럼프를 덜 겪는다는 점입니다.

슬럼프가 줄어드는 것은 나이가 주는 혜택일 수도 있지만, 세상을 바라보는 관점의 변화에서도 그 원인을 찾을 수 있습니다. 자신이 만나는 모든 문제들을 흐르는 강물처럼 자연스럽게 받아들이고 하나하나가 모두 대하기 나름이라고 생각하게 되었기 때문에 예전이라면 홍역을 치렀을 만한 일들도 부드럽게 헤쳐갈 수 있다고 생각합니다.

또한 나이가 들면서 예전에 비해 많은 것들을 내려놓을 수 있게 된 것도 관련이 있을 것입니다. 인기·명성·부·자리 등 화려한 면만 보는 것이 아니라 덧없는 면을 동시에 볼 수 있기 때문에 그런 것들로 인해 생길 수 있는 슬럼프를 겪지 않을 수 있게 된 것이죠.

슬럼프를 겪지 않는 사람은 없습니다. 누구라도 슬럼프를 겪으며 살아갑니다. 다들 슬럼프를 겪지만, 빨리 벗어나는 사람이 있고, 거기에 압도되어 오랜 시간 헤매는 사람이 있지요.

슬럼프를 지혜롭게 극복하는 방법을 알려면 우선 슬럼프가 왜 생기는지 알아야 합니다. 슬럼프가 발생하는 원인은 크게 다섯 가지로 나눌 수 있습니다.

첫째, 자신을 지나치게 혹사했을 때 생깁니다. 결과도 잘 나오지 않고 마무리도 되지 않을 프로젝트를 오랜 시간에 걸쳐서 수행하는 경우 몸과 마음이 피폐해집니다. 심한 경우는 탈진에 이르는 '번 아웃' 상태에 놓이기도 하는데, 이럴 때는 슬럼프가 오래 지속됩니다.

둘째, 흥미를 잃어버릴 때 생깁니다. 재미있게 해오던 일도 어느 순간 흥미를 잃어버릴 수 있습니다. 마음의 기복이 심한 사람들이 자주 경험하는 일입니다.

셋째, 목표나 지향점을 상실해 버릴 때 생깁니다. '이걸 열심히 해서 무슨 의미가 있을까?'라는 질문의 답을 잃어버릴 때입니다. 이런 경우는 슬럼프가 오래가고, 잘못하면 우발적인 전직이나 전업 같은 돌발 상황을 만들어내기도 합니다. 옆을 돌아보지 않고 한 방향을 향해 질주하듯 달려온 사람들이 이런 상황에 빠지기도 하지요.

이런 상황에 놓이면 애착을 가졌던 모든 일들에 대해 열심히 해야 할 이유를 찾을 수 없기 때문에 사람 자체가 시들해집니다. 슬럼프 가운데서도 가장 위험한 경우입니다.

넷째, 가족들에게 예상치 못한 불운이 겹칠 때 생깁니다. 부모나 아

내 혹은 남편이 죽거나 크게 아플 때 삶의 덧없음을 느끼고 끝없는 나락으로 빠져들게 되지요. 상실감이 지속되다 보면 심한 우울증으로 고생하기도 합니다.

다섯째, 불규칙한 생활로 인해 생활 리듬이 깨지고 그 결과 몸과 마음의 컨디션이 낮은 상태로 유지되는 경우입니다. 슬럼프라고 꼭 집어서 말할 수는 없지만 전반적으로 생활에 활기가 없고 축 처진 상태를 말하지요.

이런 상태가 상시화되어 있는 사람은 성과도 낮고 기분도 좋지 않은 상태가 계속됩니다. 기분을 고양시키기 위해 술이나 모임에 의존하게 되는데, 이로 인해서 생활이 더 불규칙하게 되면서 기분의 고저가 더 커집니다.

지금 저는 스스로를 잘 통제하는 편입니다만, 직장 생활을 할 때만 해도 달랐습니다. 그때 저는 완전히 나가떨어질 때까지 자신을 밀어붙이는 스타일이었습니다. 그리고 다혈질인 데다 기분의 변화가 무척 심했습니다. 그런 성정 탓에 슬럼프를 자주 겪던 저는 슬럼프를 극복할 방법을 몇 가지 찾아냈습니다.

저의 트레이드마크가 된 자기경영법도 이런 어려움을 극복하기 위해 생활을 체계화한 방법이라 볼 수 있습니다. 자신의 약점을 보완하기 위한 방법이지요.

우선, 슬럼프를 미연에 방지하는 방법은 규칙적인 생활을 하는 것입니다. 슬럼프는 불규칙적인 생활에서 발생 가능성이 높습니다. 그래서 가능한 한 생활을 규칙적으로 만들어야 합니다. 매일 계획을 세워 생활하는 것이지요.

둘째, 슬럼프가 찾아오면 사라지길 기다리지 말고 몸을 움직입니다. 시간이 지나면 괜찮겠지 하고 기다리면 안 됩니다. 몸을 부지런히 움직이면 마음도 따라 움직입니다.

저는 기분이 나쁠수록, 몸이 처질수록 러닝머신에서 달리거나 만보기를 차고 나가서 빠르게 걷습니다. 이렇게 건강한 방법으로 심장박동수를 올리는 것이 슬럼프를 극복하는 가장 빠른 길이라 생각합니다.

마지막으로 누구든 1년이나 5년 혹은 10년 터울로 삶의 장기적인 목표나 의미를 점검하는 시간을 가질 필요가 있습니다. 생각만 하기보다는 반드시 문장으로 생각을 정리해야 합니다. 이는 인생 경영에서 주춧돌 같은 것입니다. 건강으로 말하자면 백신과 같은 것이지요.

이 모든 방법들이 효과가 있지만 다른 한 가지 방법도 잊지 않아야 합니다. 슬럼프를 바라보는 올바른 시각을 갖는 것입니다. 슬럼프를 특별한 것이 아니라 보통 사람이라면 누구든지 경험할 수 있는 일상의 한 부분으로 받아들이시기 바랍니다. 슬쩍 다가왔다가 조용히 멀어져갈 수 있는 것이기에 지나치게 심각하게 생각하거나 자신을 나무랄 필요가 없습니다.

> "슬럼프에 있든 기분이 언짢든 필드 바깥에서 어려움에 처해 있든 내가 하는 유일한 일은 그저 스윙을 계속 하는 것이다."
> ─ 전설의 타자 행크 아론

죽음*을 준비하기

Gong's definition

이 땅에 머무는 시간 동안 더 진하게 살아가기 위해 생각할 것.

▶ 세상에는 직접 경험해 보거나 경험 직전까지 가지 않으면 알 수 없는 것이 있지요. 그 가운데 하나가 죽음입니다. 조문객으로 타인의 죽음을 종종 접하기는 하지만 그것이 자신의 문제로 다가오지 않습니다.

요즘은 임종 체험을 해볼 수 있는 기회들이 있습니다. 직원들에게 그런 기회를 마련해 주는 회사들도 있다고 하지요. 유언장을 쓰고 입관 체험을 하면서 사람들은 언젠가 자신에게 불현듯 닥치게 될 죽음을 생각하고 자신의 삶과 가족, 그리고 지인들이 얼마나 소중한지를 깨닫게 됩니다.

사는 동안은 추구하는 것을 성취하기 위해 최선을 다해 살아야 합니다. 하지만 어떻게 살아왔든 지상에서의 모든 영광은 죽음과 함께 사라집니다. 아무리 많은 것을 성취하더라도 갈 때는 모두가 빈 손, 빈 몸으로 떠납니다.

'모든 것이 헛되도다'라는 문장은 우리를 허무주의로 이끌 수도 있지만, 지상에서 추구하는 것이 과도하지 않도록 제어하는 역할을 해 주기도 합니다.

각자가 자신이 세운 삶의 목표를 열심히 추구해야 하는 것은 당연하지요. 그러나 그런 것들과 일정한 거리를 두고 바라보는 일도 게을리 하지 않아야 합니다. 자신이 하는 일이나 함께 하는 사람과 적절한 거리를 두고 바라볼 수 있어야 합니다.

지금 이 순간 정말 소중하게 여겨지는 것도 시간이 지나면 많은 부분이 퇴락하고 잊히기 때문입니다.

오래 전에 지인이 병으로 건강을 잃어가는 과정을 지켜본 적이 있습니다. 지상에서 대단한 부를 축적했지만 나날이 건강을 잃어가는 그에게 남은 것은 회한과 아쉬움이었습니다.

그 일이 저에게는 정말 많은 것을 던져주었습니다. 살아 있는 동안 귀한 것이라면 열심히 추구해야지만, 그 모든 것은 잠시 반짝이고 만다는 사실을 되새기곤 합니다. 돈이든 명성이든 자리든, 그 모든 것은 잠시 화려하게 빛날 뿐이라고요.

그런 평소의 마음가짐 외에, 죽음을 준비하는 일 중 으뜸은 생전에 유언장을 적어보는 일이 아닐까 생각합니다. 1년에 한 번씩 유언장을 수정 보완하면 삶을 더 진하게 살아갈 수 있겠지요.

남은 이들에게 남기고 싶은 말, 보람을 느꼈던 일, 재산과 관련된

일, 장례 방법 등에 대한 생각을 정리하는 일은 죽음을 준비하는 일임과 동시에 더 잘 살아가기 위한 일이기도 합니다. 저는 한 해를 정리하는 때면 어김없이 이 일을 합니다.

죽음을 준비하는 두 번째 방법으로 버킷리스트를 만들어보는 것도 좋습니다. 세상을 떠나기 전에 꼭 하고 싶은 일들을 적어보고, 미리부터 실천해 보세요. "나중에 하지 뭐"라는 말을 습관적으로 하는 분들이 많습니다. 하지만 어느 순간 '나중'이라는 게 없어질 수도 있습니다.

저희 막내가 초등학교에 다닐 때 아이의 외할아버지가 돌아가셨습니다. 막내는 외할아버지의 사랑을 듬뿍 받고 자랐습니다. 당시 아이는 외국에서 유학하고 있었는데, 어느 날 이상한 예감이 들었다고 합니다. 그래서 외할아버지에게 전화를 걸어 자신이 할아버지를 얼마나 사랑하는지를 거듭 얘기했다고 합니다. 그리고 며칠 지나지 않아서 외할아버지는 돌아가셨습니다.

막내는 '사랑하는 사람에게 사랑한다고 말하는 것처럼 중요한 것이 없다'는 사실을 몸소 체험한 것이죠. 그후로 저희 집에서는 부자지간 모자지간에 사랑한다는 이야기를 자주 하게 되었습니다.

9·11 테러 당시 현장에 있던 분들의 대화록이 지금도 전해져 옵니다. 휴대전화로 애타게 가족에게 연락을 하던 사람들의 마지막 말은 모두 "당신을 정말 사랑했어요"였습니다.

죽음을 준비하는 세 번째 방법으로 제가 추천하고 싶은 것은 신앙을 갖는 것입니다. 평생 죽음을 연구해 온 의사도 죽음의 순간을 앞두고는 너무 큰 고통을 느끼고 방황했다는 내용이 담긴 책을 읽은 적이 있습니다.

죽음을 담대하게 받아들일 수 있는 길 중 하나가 신앙을 갖는 일이라고 생각합니다. 사후 세계에 확실히 구원을 받을 수 있을 거라는 믿음이 있다면 편안히 생의 마지막 순간을 맞이할 수 있겠지요.

단지 죽음을 위해서가 아니라, 나이를 먹어가면서 자신의 삶과 죽음, 영혼에 대해 탐구하는 일은 현재를 더 잘 살기 위해서도 꼭 필요한 일이라고 생각합니다.

> "죽음이 우리 한 사람 한 사람을 기다리고 있다는 사실이 분명한데도, 우리는 죽음이 절대로 오지 않을 것처럼 살고 있다."
> ―톨스토이

64 인생 나침반, 철학

65 목표가 있는 삶

66 자기 페이스 유지하기

67 현실을 직시하는 힘

68 유행 vs. 본질

69 패기에 브레이크 달기

70 지금까지의 정답 지우기

71 완벽이 아닌 최선

72 절박함이 힘

73 꿈의 목록

74 성공 이후의 삶

6장
철학 사전
자기 속도대로 살기 위한
인생의 나침반이 있는가

064
인생 나침반, **철학***

Gong's definition

세상사에 일희일비하지 않고 깊은 인생을 살 수 있게 해주는 뿌리.

▶ 개인의 철학에 따라 현상에 집중할 것인지 본질에 집중할 것인지 달라지고, 긍정할 것인지 부정할 것인지 결정되며, 심지어 투자할 것인지 말 것인지 결정됩니다.

철학(신념 체계)은 삶에서 나침반이나 기준의 역할을 담당하는 것으로, 특별한 사람에게만 필요한 것은 아닙니다. 사람은 본능적으로 자신이 속한 세계가 어떤 세계인지, 어떻게 돌아가는지, 어떤 것이 올바른지에 대해 본능적인 호기심을 갖고 있습니다.

이러한 것들이 잘 정립되어 있을 때 안정감과 편안함을 느낍니다. 그렇기 때문에 반듯한 철학을 갖기 위해 일정한 시간과 노력을 투자할 수 있어야 하고 그만큼 가치가 있는 일입니다.

각자의 철학을 가질 때 명심해야 할 점들이 있습니다.

첫째, 현실을 제대로 반영하는 철학을 선택할 수 있어야 합니다. 현실과 괴리된 철학은 생각, 판단, 행동, 투자와 삶의 자세를 크게 왜곡시켜 손해를 끼칩니다.

현실과 유리된 공상적인 철학은 개인이나 조직 그리고 국가에 큰 악영향을 미치지요. 20세기에 유행했던 공동체주의에 대한 열망이 그런 경우입니다.

둘째, '신념 장사꾼'에게 휘둘리지 않아야 합니다. 이상한 종교가 사람들을 포섭하기 위해 갖은 노력을 하는 것처럼, 세상에는 언론이나 책을 통해서 자신의 신념이나 관점, 그리고 가치관을 팔기 위해 동분서주하는 신념 장사꾼들이 많이 있습니다. 이들은 사업가들이 물건을 파는 것과 마찬가지로 자신이 올바르다고 판단하는 생각이나 주장을 파는 데 열을 올립니다.

결국 단단하고 건강한 자기 철학이 없으면 누군가에 부화뇌동할 수밖에 없습니다. 존경하는 사람에 따라 휘둘리고, 유행에 휘둘리고, 분위기에 휘둘리는 것을 막아야 합니다.

셋째, 자신의 철학을 자주 점검해야 합니다. 자신의 철학이 틀릴 수 있음을 받아들여야 합니다. 수십 년 전인 20대에 선택했던 철학에서 크게 나아가지 못한 분들을 보면 안타까울 때가 있습니다. 수십 년이 흘렀지만 그분들의 머릿속에는 과거가 굳게 자리를 지키고 있을 뿐 시대의 변화는 들어설 여지가 없습니다.

바쁘게 일상을 살아가는 생활인이 어떻게 해야 올바른 철학을 가질 수 있을까요? 관심 있는 분야에서 전문가의 글을 가까이하고 이를 기초로 자신의 철학 기반을 튼튼히 하기 위한 독서를 해야 합니다.

많은 책을 읽는 것이 중요한 게 아니라 몇 권의 핵심 서적을 독파하는 것만으로 큰 도움을 받을 수 있습니다. 선입견을 내려놓고 좋은 전문가와 만나는 일이 필요합니다.

제가 철학을 거론하는 데는 이유가 있습니다. 살다 보면 현재의 문제를 해결하고 앞날을 준비하는 것만으로도 벅찹니다. 세상은 너무나 빨리 변화하기 때문이지요. 그런데 철이 지나버린 철학에 갇혀서 너무 많은 시간과 에너지를 소진해 버리는 분들이 주변에 제법 많습니다.

결국 과거에 갇히면 갇힐수록 현재에 대한 불만이 많아질 테고 미래에 대한 준비는 소홀해지겠지요. 결국 자신도 모르는 어려운 길, 즉 제대로 현재와 미래를 준비하지 못하는 길로 자신을 이끌게 됩니다. 안타까운 이야기지요.

목표*가 있는 삶

Gong's definition

무엇에 집중해야 할지를 가르쳐주고 낭비·방황·고민을 줄여주는 인생 경영의 핵심.

▶ "궁극적으로 여러분 인생의 목표는 무엇입니까?"

위의 질문에 적잖게 당황한 분들이 있을지 모릅니다. 혹시 취직하거나 결혼한 후에는 따로 목표를 가져본 적이 없는 것은 아닌지요?

인생에는 '목표'가 있어야 합니다. 목표 없는 삶은 목적지 없는 항해와 같습니다. 목적지가 없어도 나아가다 보면 어딘가에는 도착하겠지요. 그러나 그곳이 어디일지는 아무도 알 수 없습니다. 자신이 원하는 곳이 아닐 수도 있습니다. 분명한 목적지를 향해 나아가야 좀더 의미 있고 안정적인 항해를 할 수 있습니다.

목표가 분명히 서 있다면 자연스럽게 순간순간을 보내는 방법이 그렇지 않은 사람과 차이납니다. 흔히 사람들이 '사는 게 재미 없어' '내가 뭘하고 있는지 모르겠다' '따분하다'고 푸념하는 것은 목표 혹은 목

적의식 없는 삶에서 비롯되는 것입니다. 때문에 지금 이 순간을 행복하게 살기 위해서라도 지향점이 뚜렷이 서 있어야 합니다.

인생을 관통하는 목표가 있을 수도 있지만, 목표는 시간이 가면서 변화하는 게 자연스럽습니다. 소년이나 청년이라면 늘 자신이 젊지는 않다는 사실을 깨닫고 부지런히 앞길을 개척해야 합니다.

30대라면 평생 동안 자신을 당당하게 살도록 만들어줄 지적 기반을 열심히 닦아야 합니다. 40대라면 현직을 떠난 이후에도 당차게 삶을 꾸려갈 수 있는 수단과 방법을 찾아서 열심히 앞길을 개척해야 합니다. 50대 이후라면 건강을 챙기고 직업인으로서만이 아니라 한 인간으로서 더 멋진 사람이 되기 위해 노력해야 합니다.

저의 경우에도 10년 단위로 목표들이 변화해 왔습니다. 10대에는 입시, 20대에는 직장과 학위, 30대에는 전문가, 40대에는 활발한 활동을 통한 입신, 그리고 50대에는 일만이 아닌 다른 분야로 활동을 넓힐 것. 이렇게 목표는 변화를 거듭해 왔습니다.

하지만 이 목표의 밑바닥에는 '자유롭고 탁월한 인생을 향한 전진'이라는 궁극적인 지향이 굳건히 자리를 잡고 있었지요.

'10년 뒤의 나는 어떤 모습이길 바라는가?'

'내가 살고 싶은 삶은 어떤 삶인가?'

'그런 삶을 위해 나는 무엇을 추구해야 하며, 어떻게 해야 하는가?'

위와 같은 질문들을 스스로에게 던져서 목표를 찾아야 합니다. 그리고 그 목표를 달성하기 위한 계획을 세울 수 있습니다. 계획을 세워서 자신이 갖고 있는 지식과 능력의 포트폴리오를 다각화해 나가는 것이 인생 경영의 핵심입니다.

자기 페이스* 유지하기

Gong's definition
인생의 모든 구간을 착실히 다지기 위한 조건.

▶ 인생을 흔히 마라톤에 비유합니다. 장거리 달리기인 마라톤에서는 페이스를 유지하는 것이 매우 중요합니다. 초반에 무리하게 전력질주했다가는 일찌감치 기력이 떨어져 뒤처질 수도 있고, 완주하지 못할 수도 있습니다.

마찬가지로 인생에서도 자기 페이스를 잃지 않고 뛰는 게 중요하지요. 자신이 조금 빠른 것 같다고 교만해서도 안 되고, 조금 뒤처지는 것 같다고 위축되거나 무리해서도 안 됩니다. 다른 사람의 속도를 의식하지 말고 꾸준히 앞으로 나아가야 합니다.

자신의 속도에 맞춰서 때로는 느리게 때로는 빠르게, 때로는 빡빡하게 때로는 느슨하게 완급과 강약을 조절해 나가는 삶을 살 수 있어야 합니다.

우리 삶에는 필연적으로 경쟁이 따라다니고, 삶을 멈춰서는 안 되기 때문에 우리는 영원히 속도감으로부터 자유로울 수는 없습니다. 그러나 가끔씩은 의도적으로 삶의 속도를 늦추기도 하고 멈추어 서는 연습을 하는 게 좋습니다. 그래야 놓쳤던 것들이 비로소 눈에 들어오기 시작할 것입니다.

특히 삶의 속도와 관련해서 제가 염려하는 것은 인생 초년에 지나치게 빠르게 달리는 것이 가져올 수 있는 폐해입니다. 빨리 목적지에 도달하려는 욕심 때문에 너무 빨리 달리다가, 즉 오버페이스를 하다가 지쳐버리거나 특정 시기에 반드시 해야 할 일들을 놓칠 수 있습니다.

이를 방지하는 방법은 최대한 과정에 충실하게 살아가는 것입니다. 그렇게 사는 사람이라면 확률 면에서 자신의 능력을 벗어날 정도로 가속도를 붙이지는 않을 겁니다.

오버페이스 때문에 특정 시점에서 해야 할 일을 놓쳐버리면 훗날 몇 배의 비용으로 청구서가 날아옵니다. 따라서 인생의 모든 구간을 착실히 다지듯이 사는 게 정답이자 올바른 인생 전략입니다.

사실 저도 그런 점에서는 별로 지혜롭지 못했습니다. 뒤늦게 큰 비용을 지불한 사람 중 하나이지요. 젊은 날부터 초고속으로 달리다가 중년을 통과하면서 '이게 전부가 아니구나'라는 사실을 깨우쳤습니다.

'내가 지금 하고 있는 이 일이 내 인생의 가장 소중한 시간을 투자할 만큼 가치가 있는가? 조직을 키운다고 해서 나에게 남는 것은 무엇인가?' 등을 너무 늦게 우연히 깨달았기 때문입니다.

그래서 매순간 치열하게 살아야 하지만 적절히 완급을 조절하고,

과정에 최대한 충실하라고 아이들에게 자주 들려줍니다.

  더 높이 그리고 더 빠르게 나아가는 삶은 모두가 부러워하는 삶입니다. 하지만 그런 삶에는 희생해야 하는 부분도 많고 놓치는 부분도 많습니다. 늘 남이 몰아주는 차를 타다 보면 땅을 밟는 시간도 대중교통을 이용할 시간도 적습니다. 멋진 삶처럼 보이지만 걸으면서 세상을 보고 느끼는 기쁨이나 감동을 놓치는 경우도 많습니다.

  속도전으로 달리던 삶을 벗어나 그 반대의 삶을 살아보면, 달리기만 하는 삶이 부러워할 만한 것은 아니구나 하는 사실을 새삼 깨닫게 되지요. 속도 때문에 너무나 멋진 풍경을 놓칠 수도 있기 때문입니다.

  자신이 조금 늦는다고 생각되더라도 지나치게 걱정하거나 스트레스를 받지 마시기 바랍니다. 조금 늦게 간다고 잘못된 것은 아닙니다. 기나긴 인생의 레이스를 생각하면 포기하지 않고 꾸준히 자신의 목적지를 향해 나아간다면 조금 빠르거나 조금 느린 것은 크게 문제가 되지 않습니다.

  요즘은 은퇴 이후에 활짝 피는 사람들이 예사롭게 보이지 않습니다. 현역에 있는 동안 기대한 만큼 선전하지 못했더라도 포기하지 않고 자기 페이스를 꾸준히 유지하면서 충실히 살아온 사람들일 테니까요.

현실*을 직시하는 힘

Gong's definition

한 손에는 낙관적인 희망과 기대를, 다른 한 손에는 냉정한 현실 인식을.

▶ 직시하라! 세상을, 자신을, 사람을, 조직을, 미래를 직시하라. 제가 참 좋아하는 표현입니다.

인생이라는 무대 전체에 흐르는 음악은 낙관적이고 긍정적이어야 하지만, 자신이 만나는 일이나 상황에 대해서는 현실적이고 구체적이어야 합니다.

문제와 상황을 직시하고 하나하나 해결해 가는 것이 몸에 배어 있다면 두려울 일이 있을까요? 문제를 해결하는 과정에서 만나는 모든 것들을 자신의 성장을 위한 자양분으로 여길 수 있을 것입니다.

저는 삶이 편안해야 하고 안정적이어야 한다고 생각하지 않습니다. 늘 해결해야 할 과제가 주어지고 도전해야 할 과제를 찾아내야 하는 역동적인 게임으로 바라봅니다. 그렇게 생각하면 한탄이나 원망이나 불평이 들어설 여지가 없어집니다.

그동안의 경험은 저에게 분명한 사실 한 가지를 가르쳐주었습니다. 해결할 수 없을 만큼 어려운 과제는 없다는 것입니다. 직시하고 해결하기 위해 노력하다 보면 해결 방법이 하나하나 나옵니다. 그리고 문제를 해결하는 고비마다 사람은 한 단계 더 성장하게 됩니다.

인생은 아름답지만 동시에 현실은 그리 낭만적이지 않습니다. 이익과 자리, 자원을 둘러싼 치열한 경쟁이 벌어지는 곳이 세상입니다. 뜻하는 대로 되지 않는 것이 현실입니다.

'세상이 이렇게 돌아갔으면 좋겠다, 삶이 이렇게 되었으면 좋겠다, 타인이 혹은 경쟁자가 이렇게 해주었으면 좋겠다'. 이런 바람을 가질 수는 있습니다. 그러나 바라는 것과 현실 사이에는 상당한 격차가 있게 마련입니다.

살면서 마주하는 상황에 대해 낙관적인 생각을 갖고 살아야 합니다. 자신이 가진 것, 자신이 누리는 것을 먼저 보고 감사할 줄 알아야 합니다.

동시에 자신의 현실이나 미래를 냉철하게 직시해야 합니다. 현실을 직시하는 힘을 갖췄을 때 낙관적인 사고도 의미가 있습니다. 막연하게 매사가 잘될 거라는 낙관론으로 자신이 보고 싶은 것이나 믿고 싶은 것을 현실과 혼동하면 스스로를 보호하기 힘듭니다. 기대와 다른 현실을 맞닥뜨렸을 때 무너질 수 있기 때문이지요.

한 손에는 낙관적인 희망과 기대를, 다른 손에는 냉정한 현실 인식을 쥐고 살아가야 합니다.

068

유행 vs. 본질*

Gong's definition
떠밀리듯 살지 않기 위해 항상 점검할 행동 기준.

▶ 유행은 눈에 잘 뜨이고 사람들이 쉽게 동의하고 따르고 싶어지는 것입니다. 반면에 본질은 복잡해 보이는 현상의 밑바닥을 흐르는 기본으로, 깊이 생각해야 발견할 수 있습니다. 유행과 본질을 뚜렷하게 구분하고 살아갈 수 있다면 삶에서 크게 부화뇌동하는 일이 없을 것입니다.

그러나 쉽지 않지요. 주관이 뚜렷하지 못한 젊은 날일수록 유행에 영향을 받기 쉽습니다. 유행과 본질을 뚜렷이 구분하는 지혜를 갈고 닦는 것이 살면서 우리가 가져야 할 중요한 과제 중 하나입니다.

왜 우리는 쉽게 본질을 놓치게 되는 걸까요? 우선 우리의 이성이 불완전하고 우리의 생각과 행동이 감정의 지배를 받을 때가 많기 때문입니다. 대부분의 사람들은 소위 '동조 압력'을 받기 때문에 다수가

가는 길과 다른 길을 선택하기가 쉽지 않습니다. 특히 강력한 눈앞의 이익이나 쾌락, 그리고 편안함은 본질을 보지 못하게 만듭니다.

그렇다면 유행과 본질을 어떻게 구별할 수 있을까요? 뚜렷이 구분할 수 있는 기준을 찾기는 쉽지 않지만, 저는 몇 가지 질문을 자신에게 자주 던져봅니다.

다수가 추종하고 좋아하는 것이 과연 옳은 것인가? 눈에 보이는 현상의 밑바닥에 깔린 것은 무엇인가? 단기적인 즐거움이나 이익을 제거해 버린다면 무엇이 남는가? 가장 중요한 목표나 목적은 무엇인가?

예를 들어, 부모가 되어 아이를 키우다 보면 자꾸만 조바심을 냅니다. 부모의 기준에서 행동이 느리고 미적거리는 아이를 대신해서 이것저것 대신해 주려 하지요.

그런데 자식 교육의 본질이 무엇인지 생각하면 단기적인 성과에 일희일비하지 않고 기다리는 게 바람직하다는 걸 알 수 있습니다. 자식 교육의 기본은 자기 힘으로 스스로 살아가는 힘을 키워주는 것이니까요. 그리고 실패와 좌절도 삶의 중요한 원재료니까요.

다수가 깊이 고민하지 않고 선택하는 방향이나 생각에 대해서 의문을 가질 수 있어야 합니다. '과연 저게 올바른 선택일까?'라고 말입니다. 생각하는 일이 힘들다고 여기는 사람들은 깊은 생각 없이 다수가 가는 길을 마냥 추종해 버리거든요. 내 생각이 있어야 유행이 본질을 가리는 부작용을 막을 수 있습니다.

예를 들어, 지금은 모두가 스마트폰 삼매경에 빠져 있는 시대지요. 스마트폰을 지금처럼 계속해서 사용한다면 무엇을 잃어버리고 무엇을 얻을 수 있을까? 다수가 가는 길에 편승해서 가는 것이 바람직한 일일까? 다른 사람들과 차별화해서 선택할 수 있는 방법은 없을까? 이런 질문들을 던질 수 있어야 합니다.

복잡한 생활을 둘러싸고 있는 것들을 하나씩 제거해 나가면서 삶의 목표를 정확히 조준하면, 생활을 단순화할 수 있고 본질에 충실한 삶을 살아갈 수 있을 것입니다.

항상 무언가에 떠밀리듯 살아가지 않도록 조심하고 노력해야 합니다. 유행을 따라가는 일은 단기적으로는 편할지 몰라도 결국 본질을 놓칠 가능성이 높습니다. 그리고 톡톡한 대가를 치러야 합니다.

패기*에 브레이크 달기

Gong's definition
인생을 도약시키는 놀라운 힘. 그러나 과용하면 오히려 독이 된다.

세월 앞에 장사 없습니다. 세월이 흐르고 나면 무모해지고 싶어도 무모해지기가 쉽지 않습니다. 세월은 자연스럽게 '숙고와 쇠락'이라는 두 단어를 선물하기 때문입니다.

늘 젊지는 않기 때문에 패기 넘치는 시기를 제대로 활용해야 합니다. 그 짧은 시기에 도전하는 인생을 살아야지요.

패기가 무모함을 낳기도 하지만, 거기서 나오는 도전만큼 인생을 한 단계 도약시키는 것도 없습니다. 훗날 그 도전은 후회 없는 인생의 기초가 되기도 하지요.

저는 20대 때 집안이 경제적으로 크게 어려워진 시점에 유학을 갔습니다. 그것은 어쩌면 무모한 도전이었지만, 저는 패기로 밀어붙였습니다. 이를 성사시킨 것은 지금도 자랑스럽게 생각합니다.

30대에 고전적 자유주의(혹은 보수주의) 이념의 확산을 위해 연구소를 만들고 이를 한국 사회에 알리기 위해 열심히 노력한 것도 패기에서 나온 도전이었습니다.

그리고 40대에는 자유로운 삶을 위해 조직을 떠나 홀로서기를 시도한 도전들이 있었기에 인생의 큰 그림을 제 계획대로 그릴 수 있었습니다.

이렇듯 도전하고 성취하는 인생을 살기 위해서는 패기가 필요합니다. 그러나 패기가 무모함으로 연결되지 않기 위해서는 스스로 점검해야 하는데 저는 그러지 못했습니다.

저의 경력은 30대 초반부터 서서히 속도를 내기 시작하다가 30대 중반을 거치면서 가속도가 붙었고, 30대 말에는 엄청난 속도로 달려가기 시작했습니다. 제가 어떤 브랜드를 갖고 있다면 그 브랜드의 초석은 30대 말에 대부분 만들어진 것이라고 할 수 있지요.

그렇게 질주하듯 인생을 달려가다가 패기가 지나친 나머지 무모함의 덫에 걸렸습니다. 그때가 30대에서 40대로 막 넘어가는 시점이었습니다.

브레이크가 작동되지 않으면서 1~2년 사이에 10여 년간 전문가로서 만들어온 많은 성취들이 손상을 입고 말았습니다. 전혀 자신과 맞지 않는 분야로 전직했기 때문입니다. 지금 생각해 보면 패기가 지나쳐서 비용을 지불하게 된 경우였죠.

사람이 조금 성공을 하면 자신을 과신하게 됩니다. 거기에 과욕까지 더해지지요. 한 분야에서 잘되면 '나는 다른 것들도 잘할 수 있을 거야'라고 확신하기 쉽습니다. 그러나 많은 분야에서 잘할 수 있는 사람은 흔하지 않습니다.

어느 정도 성공을 거두었다면 오히려 자신을 깊숙이 들여다볼 필요가 있습니다. 자신이 뭘 잘할 수 있는지, 뭘 할 수 없는지 등을 정확하게 이해하고 있으면 무모함의 덫에 빠질 가능성을 크게 줄일 수 있습니다.

그리고 현재의 위치에서 어떻게 경력을 관리해서 궁극적으로 어디로 향해 갈 것이라는 전체 그림이 있으면 패기에서 나오기 쉬운 무모함이라는 비용을 줄일 수 있지요.

스스로 패기가 강하다고 생각하는 사람은 지나치게 자신을 과신하면 안 됩니다. 남들의 '~카더라'를 지나치게 믿어서도 안 되지요. 자신의 두 눈으로, 자신의 머리로 사실을 직접 확인할 수 있어야 합니다. 냉철하게 자신의 선택을 바라볼 수 있어야 하지요.

저는 40대 초반에 큰 실수를 한 후로 전직이나 전업과 관련해서는 신중해졌습니다. 이후 여러 번의 전직이나 전업 권유가 있었지만 그때 지불한 엄청난 비용 탓에 현명하게 대처할 수 있었습니다.

기왕이면 비용을 지불하지 않고 배우는 것이 좋습니다. 비용을 지불하고 나서 재기전을 펼치려면 다시 들어가는 비용이 만만치

않으니까요.

그래도 인생에는 역설이 있어서 흥미롭습니다. 한때의 실수가 당시로 보면 실패지만 길게 보면 엄청난 자산이 되기도 하거든요.

일부러 실패할 필요는 없지만, 노력했지만 실패했거나 지금 어려운 시기를 통과하고 있다면 지나치게 비관적일 필요는 없습니다. 대하기에 따라서 실패가 또다른 기회나 성장으로 이끌 수 있기 때문입니다.

어쨌든 자신이 보기에도 잘 나간다는 생각이 들거나 평소 패기만만한 분들이라면 반드시 브레이크를 장착하기 바랍니다.

지금까지의 정답* 지우기

Gong's definition
모두가 아닌 자신에게 맞는 해답만 있을 뿐.

 '저 길만이 전부일까? 어쩌면 다수가 가는 길이 정답이라고 오랫동안 훈련받아온 결과는 아닐까? 남들과 자신을 차별화하기 위한 방법을 진지하게 생각해 본 적이 있을까?'

취업난이 날로 심해지는 세태 속에서 수백 대 일 혹은 수천 대 일의 경쟁률을 뚫기 위해 고심하거나 안정적인 직장을 찾기에 분주한 젊은이들을 볼 때 드는 생각입니다.

학교에서 보는 시험에는 하나의 정답이 있는 경우가 대부분입니다. 정해진 답을 잘 찾는 학생이 우수한 학생이지요. 특히나 오랫동안 주입식 교육이 이루어져왔고 획일화된 사고를 은연중에 강조하는 사회 분위기 때문에 우리나라 사람들은 창의적으로 사고하는 능력이 부족합니다.

그래서 학교를 떠나 사회생활을 할 때도 우리는 정답에 매달립니다. 모든 일에 정답이 있다고 생각하고 정답에 가까워지려 노력하지요. 그런데 과연 세상살이에 한 가지 정답이 존재할까요?

누군가에게는 직장 생활을 하는 것이, 누군가에게는 사업을 하는 것이 정답일 수 있습니다. 정답이 하나일 수도 있고, 여러 개일 수도 있고, 때로는 정답이 없을 수도 있지요.

그런데 '정답으로 보이는 것'에 매달리다 보니 삶이 뜻대로 되지 않는 것 같고, 남들과 자신을 자꾸 비교하게 됩니다. 그래서 불행해지지요. 모두에게 들어맞는 정답이 아니라 자신에게 맞는 해답을 찾으려고 노력해야 합니다. 그래야 도전하고 성공하는 삶을 살 가능성도 높아집니다.

사업을 할 때도 마찬가지지요. 사업을 구상하는 사람들이 먼저 눈을 돌리는 곳은 대개 이제까지 잘되어왔고 지금도 잘되고 있는 분야나 아이템입니다. 미개척 분야로 가려는 사람은 극소수에 불과하지요. 그런 선택이 정답이 아니라고 생각하기 때문입니다.

"재무적 위험이 크지 않으면 한번 시도해 보세요." 제가 강연장에서 자주 하는 조언이자 제 자신이 지키려 노력하는 중요한 행동 원칙입니다. 비용이 크게 들지 않는 아이디어라면 현장에 적용해 보기 전에는 그것이 좋은 아이디어인지 아닌지를 평가하기가 쉽지 않습니다.

저는 직장 생활을 할 때도 끊임없이 새로운 아이디어를 만들어내고 그것을 실험해 보았습니다. 훌륭한 리더는 그런 아이디어를 수용하는 리더죠. 여러분이 그런 아이디어를 적극적으로 수용하는 직장에 다닌

다면 그것은 상당한 행운입니다.

만일 그렇지 못하면 어떻게 해야 할까요? 타협을 해야 합니다. 대다수의 조직은 어느 정도는 보수적일 수밖에 없으니까요. 하지만 여러분이 가진 창조 능력 자체를 사장시킬 필요는 없습니다. 일단 아이디어를 차곡차곡 모아둘 수도 있고, 부업으로 시도해 볼 수도 있습니다.

만일 창의적인 능력이 주체할 수 없을 정도로 강하다면 자기 사업을 해야 하는 사람일 수도 있습니다. 어쩌면 저도 그런 부류의 사람일 수 있고요. 지금도 저는 끊임없이 신상품을 만들어내고 이를 시장에서 테스트합니다. 여전히 청년 정신을 갖고 살고 있습니다.

남들이 이미 하고 있는 일, 남들이 이미 가고 있는 길에서 성공하기가 쉬울까요? 그런 곳에는 이미 성공한 사람들이 충분히 있습니다. 아직 사람들이 생각하지 못한 것, 가지 않은 곳에 성공의 가능성은 더 많습니다.

여러분과 제가 즐겨 사용하는 물건이나 서비스를 보세요. 스마트폰, 태블릿PC, 인터넷, 블로그, SNS 등은 등장할 당시를 기준으로 보면 파격적이고 창의적인 것들입니다. 보통 사람들이 쉽게 받아들이기 힘든 개념에서부터 출발한 것들이죠.

이제 무언가 결정해야 할 상황이 되면 머릿속에 제일 먼저 떠오르는 답은 지워버리세요. 그리고 다른 답을 찾아보세요. 그렇게 정답에 대한 고정관념을 깰 수 있다면 행복해질 가능성이 높아집니다.

용기와 배짱을 가지고 새로운 길에 도전해 보세요. 그런 도전에서 성공할 수 있다면 큰일을 성취할 가능성도 한층 높아질 것입니다.

071

완벽이 아닌 **최선***

Gong's definition

인간은 누구나 실수한다. 불완전한 인간이 인생을 끝까지 살아내는 마음가짐.

▶ 얼마 전에 〈시드(Seed)〉라는 다큐멘터리를 보았습니다. 나이가 지긋한 흑인 할아버지가 거리의 의자에 앉아서 백인 중년 남자와 대화를 나누었습니다. 그 대화를 통해 할아버지의 삶의 지혜를 느낄 수 있었습니다.

거기서 특히 기억에 남는 말이 있습니다. 살아오며 실수한 적이 있느냐는 중년 남자의 질문에 할아버지는 이렇게 대답했습니다.

"우리 모두는 실수를 하는 존재라네."

실수도 하고 실패도 하면서 끝까지 살아내는 것이 인생이지요. 어차피 우리 인간은 완벽할 수 없습니다. 완벽할 수 있다는 것은 착각입니다. 완벽할 수 없는데 완벽하고자 하면 인생은 불만스러울 수밖에 없습니다.

저도 그랬지만, 젊어서는 무엇이든 원하면 이룰 수 있고 무엇이든 통제할 수 있다고 생각하면서 완벽함에 큰 비중을 둡니다.

그러나 시간은 아무리 열심히 해도 이룰 수 없는 것들이 더 많고, 자신이 통제할 수 없는 영역이 더 많다는 사실을 깨닫게 해줍니다.

그때부터 서서히 결과보다는 과정에 더 큰 비중을 두게 됩니다. '후회가 없을 정도로 최선을 다하자. 결과가 좋으면 좋지만 그렇지 않아도 할 수 없다'라고요.

물론 그렇다고 해서 어차피 완벽할 수 없으니 대충 살아야 하는 건 아닙니다. 완벽하려고 하지 말고 최선을 다하려고 하는 것이 중요합니다. 최선을 다하고 결과는 겸허하게 받아들이는 거죠.

실수도 할 수 있고 실패도 할 수 있습니다. 실수했다고 좌절하지 말고, 실수에서 배워서 다음에는 같은 실수를 반복하지 않도록 하면 됩니다.

'완벽'이 아닌 '최선'. 항상 명심해야 하는 두 글자입니다.

> "완벽이란 불가능하다. 완벽을 성공의 척도로 본다면 좌절과 두려움에 빠질 수밖에 없다." —스테판 M. 폴란

절박함*이 힘

Gong's definition
성취를 가능하게 하는 대단한 에너지 원천.

▶ 소망하는 것을 이루려면 절박한 그 무엇이 있어야 합니다. 그것은 부에 대한 열망일 수 있고, 권력·명성·자유에 대한 열망일 수도 있습니다. 무엇이든 절절히 느낄 수 있는 '그 무언가'가 내면에서 분출될 때 비로소 사람은 최선을 다해 질주할 수 있습니다.

그런데 요즘은 절박함보다는 재미있고 즐거우면 그만이라고 생각하는 분들이 더 많은 듯합니다. 텔레비전 프로그램도 그냥 웃고 떠드는 것이 주를 이룹니다. 그런 것들이 나쁘다는 이야기는 아닙니다.

한번은 다큐멘터리 프로그램을 만드는 분을 만난 적이 있습니다. 그분에게 무게 있고 세상의 변화를 전하는 프로그램이 드문 이유를 물었습니다. 그러자 그분은 "사람들이 잘 안 봅니다"라고 답하더군요.

단순화하는 데는 위험이 따르지만, 삶을 대하는 태도에는 성취지

향형이 있고 재미지향형이 있다고 봅니다. 대부분의 사람들은 어느 한쪽에 속해 있기보다는 두 극단 사이의 어느 곳에 위치해 있습니다.

스스로 어디에 자신을 둘지 잘 결정해야 합니다. 오늘만, 지금만 살고 마는 게 아니기 때문입니다.

늘 젊은 날이 계속된다면 그냥 재미있게 살면 그만이라고 생각할 수도 있습니다. 하지만 점점 나이가 들어가면 경제적으로나 여러 면에서 힘이 약해집니다. 현재의 재미를 추구하면서 삶을 자신의 것으로 만드는 일은 어렵습니다.

그러면 왜 많은 이들이 절박하지 않을까요? 지금 수준으로 충분하다고 생각하기 때문일 겁니다. 절박감은 부족함을 풍족함으로, 불완전함을 완전함으로 만들려는 욕구에서 나오지요. 그래서 풍족한 시대가 늘 좋은 것만은 아니라고 봅니다.

또 한 가지 이유는 시야가 좁기 때문일 수도 있습니다. 비교 대상이 현재와 또래를 중심으로 보면 불편하게 여겨야 할 것이 없기 때문입니다.

시골에서 태어나 자란 저를 늘 앞을 향해 움직이게 한 것은 절박함이었습니다. 그것은 부족함에 대한 자각일 수도 있고, 불완전함에 대한 자각 때문일 수도 있습니다. 넉넉하지 못한 집안에서 태어나서 자라며 더 잘하고 싶지만 자신의 능력이 모자라다는 것을 일찍 깨달은 것이죠.

젊은 날에 비해서는 좀 약해졌지만, 여전히 절박함을 갖고 살아갑니다. 그게 좋으냐고 묻는다면 확실하게 '그렇다'고 이야기할 수는 없습니다.

  다만 세월이 갈수록 자유로운 인생을 원한다면 적절한 절박함이 있어야 가능하다고 생각합니다. 자꾸 채워야 자유로워질 수 있지요. 그런데 나중에는 채우고 싶어도 채울 수 있는 시간이나 능력 그리고 에너지가 남아 있지 않습니다.

073

꿈*의 목록

Gong's definition

현실을 견디고 미래를 향해 씩씩하게 나아가게 하는 힘.

▶ 제가 아는 한 30대 여성의 꿈은 쉰 살이 되기 전에 1년간 세계 일주를 하는 것입니다. 40대 지인의 꿈은 그림을 열심히 배우고 그려서 언젠가 전시회를 여는 것입니다. 그리고 한 50대 남성은 은퇴하면 고향으로 내려가서 텃밭을 일구고 사는 것이 꿈입니다.

꿈은 10대, 20대만 갖는 게 아닙니다. 인생의 어느 시기에도 지닐 수 있고, 지녀야 하는 게 꿈입니다. 저 멀리 반짝이는 북극성처럼, 지평선 저 멀리 어렴풋이 모습을 드러내는 아름다운 정경처럼, 현실의 힘듦과 난관을 극복해 가도록 만들어주는 꿈이 있어야 합니다.

꿈이 없다면 차가운 현실 속에서도 따뜻한 미래를 꿈꾸며 나아갈 수 있을까요? 소소한 즐거움을 미루고 무엇인가에 몰입할 수 있을까요? 끈질기게 도전하고 또 도전할 수 있을까요?

꿈. 그것이 우리를 당차게 살아갈 수 있게 해줍니다. 저의 꿈은 직업적으로나 인간적으로 나날이 나아져서 더 완전하고 훌륭한 사람에 조금씩 더 다가가는 인물이 되는 것입니다.

이런 꿈은 서서히 진화해 왔습니다. 어떤 만남과 사건을 통해서 출렁거릴 때도 있었지요. 청년으로 삶의 기틀을 마련할 때, 치열하게 직장 생활을 할 때, 40대에 자기 일의 기반을 잡기 위해 노력할 때, 50대에 삶의 본질적인 문제를 규명하기 위해 노력할 때, 꿈은 조금씩 그 모습을 달리 했습니다.

그럼에도 불구하고 제 가슴의 중심에는 '더 훌륭한 인생'이란 그림을 완성시켜 나가는 본질적인 꿈이 있었습니다.

꿈은 고정되어 있는 것은 아닙니다. 세월을 따라 어떤 꿈은 사라지기도 하고 새로운 꿈을 갖게 되기도 하지요. 길지 않은 삶에서 꿈에 대한 단상을 늘 정리하고 살아가다 보면 그중에서 상당 부분이 차근차근 이루어집니다.

처음에는 '이게 어떻게 이루어질 수 있을까' 하고 생각했던 것이 실현됩니다. 그래서 꿈을 잘 관리하는 것도 귀한 활동이라고 봅니다.

저는 한 평생을 통해 꼭 이루고 싶은 꿈을 정리한 목록을 갖고 있습니다. 여러분은 어떠세요? 자신이 가진 꿈을 그냥 생각만 하지 말고 글이나 그림으로 표현하고 정리해 두는 방법을 권합니다. 그렇게 할 때 꿈은 더욱 구체적인 것으로 다가올 테니까요.

성공* 이후의 삶

Gong's definition

이루는 것만큼 지키는 것도 어렵다. 그 결과가 아닌 과정에 충실할 것.

▶ 성공 이후에도 흔들리지 않고 잘 살아가는 사람들은 어떤 사람들일까요? 20년 정도 자기 분야에서 어느 정도의 위치를 차지한 다음에도 변함없이 활동하고 있는 사람이라면 그런 사람에 속할 것입니다.

제 지인 중에도 그런 분이 있습니다. 그는 20년 전, 변화가 빠르고 경쟁이 치열한 업계에 뛰어들 때 가졌던 초심을 잃지 않을 뿐만 아니라 평정심과 집중력을 유지하고 있습니다.

그의 하루를 들여다보면 마치 성직자처럼 살아가는 것 같습니다. 자신에게 엄격함을 유지하고 자신의 본업에 있어서 경쟁력을 유지하기 위해 혼신의 힘을 다합니다.

우리는 소수의 사람들에게만 허용되는 자리까지 올라간 사람들이나 상당한 부를 축적하는 데 성공한 사람들, 명예를 갖게 된 사람들을 부러워합니다. 그들은 마냥 행복할 거라고 생각합니다. 상대방의 화려한 모습만 보이기 때문입니다.

그러나 성공에는 화려한 면만 있는 것이 아니지요. 모든 성취는 그에 합당한 비용 지불을 요구합니다.

어느 분야에서든 약간의 성공을 경험한 적이 있는 사람이라면 그것을 유지하는 일이 보통 힘든 일이 아님을 잘 알 것입니다. 세상의 모든 것은 끊임없이 변화하기 때문입니다. 기술도 취향도 환경도 지금 이 순간에도 계속해서 변하지요.

특정 환경에 잘 대응해서 승리의 월계관을 쓰는 데 성공했더라도 시간이 가면 핵심 경쟁력이 시대에 뒤떨어지게 되는 일이 자주 발생합니다. 그래서 성공을 유지하기 위해 더욱 절박하게 뛰어야 합니다.

어떤 분야에서든 성공 이후의 삶에는 또다른 해결 과제가 주어집니다. 성공 전이나 후에 해결해야 할 과제의 종류와 내용이 좀 다를 뿐, 문제 해결과정으로서 삶의 모습은 조금도 달라지지 않습니다.

2000년에 조직을 떠나서 자신의 길을 개척해 온 저만 보더라도 그런 사실이 확연합니다. 10년 정도 열심히 뛰고 나면 삶이 좀 편해질 것이라고 생각했던 시기가 있었습니다.

제 일을 시작한 지 13년이 되는 지금, 물론 얻은 것도 많습니다. 시간의 상당 부분을 원하는 일을 하면서 생계를 유지할 수 있다는 점이 그중 하나입니다.

하지만 글을 쓰는 사람은 시대의 변화를 읽어야 하고, 지속적인 공

부를 통해 세상이 요구하는 지식을 공급할 수 있을 때만이 자리매김할 수 있습니다. 이런 상황에서 느슨한 삶은 생각조차 할 수 없는 일입니다.

또한 활자의 시대가 저무는 급격한 변화 속에서 제 정체성과 실력을 어떻게 발전시킬 수 있을지, 날로 젊어지는 고객의 필요를 어떻게 만족시킬 수 있을지, 성공 전이나 후나 주어지는 과제는 여전히 만만치 않습니다.

그러면 우리는 어떻게 해야 할까요? 성공을 추구하지만 지나치게 그 결과물에 매몰되지 않아야 합니다. 성공을 향해 나아가는 과정 자체를 귀하게 여겨야 합니다. 과정에 최대한 충실하고, 이를 통해 행복감이나 즐거움도 한껏 누릴 수 있어야 합니다.

그리고 성공한 사람이나 조직을 볼 때 겉으로 보이는 성공의 결과물만 보지 않도록 주의해야 합니다. '저렇게 성공했지만 나름의 고충도 있을 것'이라고 평가하는 것이 정확합니다.

성공한 사람은 성공한 사람대로, 성공을 추구하는 사람은 추구하는 사람대로, 이 세상 모든 사람들은 해결해야 할 과제를 안고 씨름하고 있습니다. 이런 식으로 성공에 대해 나름의 시각을 정리한다면 언제 어디서나 '순간을 즐겨라'라는 원칙에 충실하게 살아갈 수 있을 것입니다.

이때 무엇보다 중요한 것은 자신이 지금 가진 것, 자신이 지금 누릴 수 있는 것을 헤아려보고 감사하는 마음이겠지요.

'인생은 시선입니다'

사는 것은 깔끔한 답안이 주어지는 일이 아닙니다. 투박하더라도 자신에게 꼭 맞는 답을 찾아가는 것이 우리들의 삶이라고 생각합니다.

한때 저도 세상 기준으로 직선 코스가 멋진 삶이라고 생각했습니다. 활짝 펼쳐지듯이 잘 나가는 그런 삶 말입니다. 세상 사람들이 모두 정답이라고 생각하는 성취의 삶이 최고라고 생각했습니다.

그러나 소유나 성취가 아니라 경험을 기준으로 세상살이를 바라보기 시작하면서 직선 도로만이 아니라 우회 도로에서 누리는 경험이나 만남 가운데 어느 것 하나 버릴 것이 있을까 싶습니다.

이 책이 힘든 시대를 살아가는 여러분들에게 도움이 되었으면 하는 바람입니다. 저의 주관적인 체험담과 생각이긴 하지만 여러분의 길 찾기에 도움이 될 것입니다.

저는 여러분이 어떤 선택을 하든지 이 세 가지 점은 잊지 않으셨으면 합니다.

하나는 자신의 꿈이나 목표를 성취하느냐에 관계없이 후회가 없어야 한다는 사실입니다. '그걸 했어야 했는데……'라는 아쉬움처럼 세월과 함께 가슴을 저미는 기억은 없습니다. 완벽할 수는 없지만 가능한 한 후회 없는 삶을 살기 위해 최선을 다하시기 바랍니다.

다른 하나는 이왕 한평생을 살다 가는 것이라면 뜨겁게 살아야 한다는 사실입니다. 대충대충 때우는 일은 정말 피해야 할 선택입니다. 해야 하는 일이라면 어디서 무엇을 하든지 간에 여러분이 할 수 있는 모든 것을 다 바친다는 심정으로 열렬하게 하시기를 기원합니다.

마지막으로, 무게 중심을 잡고 미래를 바라보면서도 순간순간 만날 수 있는 즐거움과 유쾌함으로 삶을 가득 채우시길 바랍니다. 큰 비용을 들이지 않더라도 가능한 일입니다.

시간이 가면서 세상 기준으로 대단하게 여겨졌던 것들이 어느 날 그렇게 대단한 것이 아님을 자주 발견하게 될 것입니다.

결국 스스로 어떻게 바라볼 것인가라는 점만 잘 정리할 수 있다면, 우리의 삶은 얼마든지 축복의 시간으로 만들 수 있습니다.

"인생은 시선입니다."

2013년 11월
공병호

공병호의 인생사전

초판 1쇄 2013년 11월 20일
초판 4쇄 2014년 12월 10일

지은이 | 공병호
펴낸이 | 송영석

편집장 | 이진숙 · 이혜진
기획편집 | 박신애 · 박은영 · 한지혜 · 서희정 · 이수정   **외주편집** | 서영조
디자인 | 박윤정 · 김현철
마케팅 | 이종우 · 허성권 · 김유종
관리 | 송우석 · 황규성 · 전지연 · 황지현

펴낸곳 | (株)해냄출판사
등록번호 | 제10-229호
등록일자 | 1988년 5월 11일(설립연도 | 1983년 6월 24일)

121-893 서울시 마포구 잔다리로 30 해냄빌딩 5 · 6층
대표전화 | 326-1600 **팩스** | 326-1624
홈페이지 | www.hainaim.com

ISBN 978-89-6574-417-7

파본은 본사나 구입하신 서점에서 교환하여 드립니다.